冥途のお客

佐藤愛子
Aiko Sato

青志社

冥途のお客

佐藤愛子

冥途のお客

目次

装丁 ―― 岩瀬聡
イラスト ―― 久保木侑里

あの世とこの世

私は冥途《めいど》に沢山の友達がいる。

六十歳の声を聞く頃から少しずつ冥途へ行ってしまう友達が増えてきたが、八十歳間近になった今日この頃は、この世よりもあの世の友達の方が多くなってしまった。

といっても、あの世へ行った友達が始終、訪ねて来るというわけではない。どちらかというと、見知らぬお客、招きたくもないお客、闖入者《ちんにゅうしゃ》といいたいようなお客が一方的にやって来ることが多い。

最初は今は四十を過ぎた娘が十代を終る頃のことだった。ある初夏の日曜日、いつものことながら宵《よい》っぱりの朝寝坊の娘がのっそり起きて来て、洗面所で顔を洗っているのに気がついた私は、娘が洗面所から出て来たら、

「今、何時だと思ってるのッ！」

一喝しようとダイニングテーブルを前に頑張っていた。

すると洗面所から出て来た娘は、私の一喝より早く、こういった。

「さっき来てた人、もう帰ったの？」

さっきも今も、朝から誰も来てやしない、あんまり寝過ぎて寝呆けてるのだ、と早速説教に入ろうとしたら、

「でも、ここに坐ってたじゃないの、白いワイシャツ着た人……」

という。洗面所は廊下を挟んで四畳半の茶の間と向き合っていて、その茶の間は私のいるダイニングとつづいている。洗面所側の茶の間の入口には、いつもは半間の襖《ふすま》が嵌《はま》っているのだが、夏が近づくと襖の代りにのれんを掛けている。そののれんの間から、茶の間に坐っている男の後姿が娘には見えたという。

「銀行のSさんが来てるんだな、日曜日なのに」

と思いつつ娘は顔を洗い、挨拶をしようとのれんを上げたら誰もいない。確かにいた、そこに坐っていた、と娘はいい張る。私は茶の間つづきのダイニングに坐って朝から新聞を読んでいたのだ。誰も来ていなかったことは確かである。

「でも坐ってたのよ。そこに。白いワイシャツ着て」

と娘はむきになっていい募る。

確かに銀行のSさんだったかと訊くと、向う向いていたから顔はわからない、ただ、何となくSさんだなと思っただけだといった。でも確かに坐ってたのよ、白いワイシャツの男の人が……。

まさか、Sさんが事故か何かで亡くなったんじゃないでしょうね、と手伝いのHさんが横からいった。

「よくいうじゃないですか。人が死ぬ時、親しい人のところへ魂がお別れの挨拶に廻《まわ》るって……」

しかしSさんはF銀行の得意先係の一人であって、事務的な関係である。死際に挨拶に来られるほどの間柄ではない。

その二日後、Sさんはいつものニコニコ顔で、「お早うございます」と勝手口から入って来たのだった。

ということはつまり、白いワイシャツの男は、あの世から来たお客ということになる。しかし、いくら考えても思い当たる人物はいない。

「困るねえ。わけもわからずに来られたんじゃ」

と文句をいいたいにも、どこへ向っていえばいいのかわからないのが、全く困るのだ。

この世では人を訪《おとな》うにはそれなりの目的があるからに決っている。借金取りがやたら来るのは借りた金を返さないという明確な理由がある。招いていないのに深夜に来る奴は、盗みを目的としているからで、来た以上はその目的をわからせるべく行動する。

それがこの世のルールである。意味もなくやって来て居坐る手合がいたとしても、おまわりを呼べば連れて行ってもらえる。そういうルールを弁《わきまえ》えてこの世で暮していた筈なのに、あの世へ行ってしまうとルール無視になってしまうのは困る、と怒りはするが、しかし、考えてみればその理由、目的を伝えることが出来ないので冥途のお客の方ももどかしい思いをしているのかもしれない。

人間は「霊体質」という体質の人と、そうでない体質の人に二分されるという。冥途のお客は何かしらそれなりのわけがあってこの世へ来ているのだが、いくらうろうろしていても霊体質でない人にはそれが見えない（感じない）。しかし霊体質の人にはすぐにそれが見えるから、幽霊さわぎが起る。いくら「出た！」「出た！」と騒がれても霊体質でない人には何も見えないから、「あの人はヘンな人よ」、「どうかしてる」、「また始まった」、などとバカにする。霊体質の人としてはいくらバカにされても、実際に「いた」のだから「見えた」のだから、どうしようもないという具合に循環し、「見える派」はだんだん何もいわなくなる。いうならば日蔭者になったような心境になるのだ。

ある心霊研究家の意見では、人間はみなオーラというものを持っていて、俗にあの人はオーラが強いとか弱いとかいうが、オーラとは「霊衣」あるいは

「霊気」と訳してもいいし、「エネルギー」「活力」というふうに考えてもいいという。オーラは普通の人には見えないが、霊能のある人には色が見えるそうだ。通常、ピンクか薄いブルウなど、キラキラ光っていればいるほど心身が健康な印だが、衰弱してくると光を失ってザラザラした砂のようになる。ところが霊体質の人のオーラは紫色がかっているので、霊魂はその色を見て「ああ、この人ならわかってくれる」と思ってやって来るのだという説もある。

　私たち親娘はおそらく紫のオーラを持っているのだろう。特に娘の紫色は私よりも濃いにちがいない。私には見えない白ワイシャツの男が見えたのだから。

娘と墓参りに行くと、

「ママ、向うのお墓の前に立ってるわね、男が」

　という。ぼんやり佇《たたず》む男の後姿を透して向う側の墓石や木立が見えるというのだ。残念だが私には何も見えない。

「見えないの？　へーえ」

娘はバカにしたようにいう。怖がるよりもそれが見えない私に優越感を抱いているらしい。我々はいつか冥途のお客に馴れっこになってしまったのである。私は娘のように始終お客の姿を見るという方ではないが、見えない代りに色んな目に遭わされる。ゴトン、バチン、ピチッなど、さまざまな物音（いわゆるラップ音といわれる）で眠りを邪魔されたり、物品があるべき場所から移動していたり、突然、テレビがついたり、ついていたテレビが消えたり、それはどうやら冥途のお客の何かしらの挨拶、合図であるらしい。

「番町皿屋敷」のお菊は殿さまの大切にしていた十枚揃いの皿を割ったというので手討ちになり、

「イーチマーイ……ニィマーイ、サンマーイ」

か細い声で皿の数を聞かせることによって、無念の想いを訴えた。

四谷怪談のお岩は、夫の伊右衛門に毒を飲まされ、髪が抜け落ち引っつれ顔になって死んだので、サンバラ髪の引っつれ顔で現れ、怨みの深さを表現した。

やって来るのなら、いっそそこまでして来てほしいと私は思う。そうすれば私としても納得出来るのだ（しかし実際にそういう姿を見せられては、それはそれでたまらないだろうと思うが）。

私はすべてハッキリしたことが好きな人間であるから、ただ、バチッ、ゴトッ、ガタガタで眠りを邪魔したり、出てくる時は後ろ向きだったり、こんな曖《あい》昧《まい》さは承服出来かねる、そういってこぼしていると、

「それは『浮遊霊』といって、成仏出来ない霊魂がさまよっているだけで、べつに怖がらせようとして来ているわけではないんです」

と教えてくれた人がいた。もしかしたら向うは向うで、いくら目の前をうろうろしてもちっとも見てくれない、仕方ない。音でも立てよう、バチッ！　ゴトッ！　とやってみせているのかもしれない。

たけし軍団のつまみ枝豆さんは、強い霊体質の人で、冥途のお客にひどく好かれているらしい。

その枝豆さんから聞いた話をしよう。

ある時、枝豆さんは浜松のホテルに泊った。夜、表で食事をして部屋へ帰って来ると、尿意を催してバスルームに入った。そこは便器、洗面台、ユニットバスの浴槽があるありふれた狭いバスルームである。

ドアを閉めておしっこをしていると、いきなり後ろからドン！　と押された。便器の前は鏡であるから、「あッ！」と鏡に手を突いて後ろを見たら兵隊が立っていた。

どんな兵隊かというと、「宝田明さんみたいな男」で、すっと背が高くなかなかカッコよかった。

ワッ！　と思ってもう一度よく見たら、もういなかった。慌ててドアを開けて外へ出た。するとドアが中からバタンと引かれて閉った。ユニットバスは自然に閉るドアではない。それが中からの力で閉ったのだ。

たまたま枝豆夫人が部屋にいて、何げなくバスルームの方へ目をやっていたから、ドアが開いた時に鏡に映っている兵隊の姿を見たということだ。

枝豆さんはこんな話もした。

ある日、テレビ局のスタジオで椅子に坐っていたら、女の声が、

「ねえ、ねえ、ねえ」

というのが聞えた。ディレクターが話しかけたのかと思って「ハイ」と答えてふり向いたが、周りの人はみな知らん顔をしている。気のせいかと思っているとまた、

「ねえ、ねえ」

と左の耳のそばで声がする。その時はおかしいなと思っただけだったが、何日か経ってからテレビを見た人から「枝豆さんの後ろに人が立っているのが見えた」という手紙が来たそうだ。

枝豆さんにはそういう体験が山のようにある。友達の車の助手席に乗せてもらっていて、降りる時に「じゃあね」といって見たら、後ろの座席に長い髪の毛の女がうつむいて乗っていた、とか、ホテルのベッドに寝ていたら、ドアの下から女の手がじりじりと入って来たとか。冥途のお客が来るのはもう日常的になっている様子である。

そんな話をしながら枝豆さんはいった。

「しかし、こうして話をしながらも、聞いてる相手は半信半疑。『へーえ、コワイねえ』、なんていってるけど、内心どう思ってるのか、多分信じてねえだろうな、とぼくは思ってるんです」

日本人の八割は怪談話を好きだが、それでは霊の存在を信じるかというと二割しか信じないんです、と枝豆さんはいった。

「たった二割。だからどいつもこいつも、人に話させながらホントは信用してないな、とぼくは思ってます」

そうなのよ、その通りよ、と私はいい、「同病相憐れむ」というか「我が仲間」というか、「同じ在の出」というか、いうにいえぬ親近感がジワジワと湧き出たのであった。この経験を人前で話したり書いたりするようになるまでに、どれだけ「うさん臭い奴」という色メガネで見られてきたか、いや、今でもおそらく我々は「うさん臭い奴」なのであろう。枝豆さんと私は「うさんくさ村」の住人なのだ。

「だから、ぼくはこういう話をする時わざと、面白半分というういい方をするんです」

私にもそういう癖がついている。そんな工夫をしてまで話さなければいいと思うのだが、なぜか話したいのである。

それにしても冥途のお客は、後ろから突いたり、「ねえ、ねえ」と横の方でこっそり呼んだり、向うを向いて坐っていたり、正面から堂々と来ないのはなぜなんだろう。

「こんにちは、って来るのはないですねえ」

と枝豆さんはいった。

そういわれればその通りだ。テレビの霊写真で見たものも、踏切の遮断機の下に子供の二本の脚があるだけで上体はなかったし、病院の待合室に置かれたビデオにはベンチの上を子供の脚だけが飛び歩いているのが映っていた。

川上宗薫の二番目の夫人は花柳界出の人だが、強い霊体質だったらしい。最初の夫人と別れた後、宗薫さんは駒沢の大きな二階家を借り、手伝いを二人置いて住んでいたのだが、茶の間で夫婦がテレビを見ていた時、二階の寝室の引き戸がゴロゴロと音を立てて開く音が聞えた。それも一度や二度ではない、たびたび聞いたという。

その時はお手伝いが二階の掃除をしているのだろうと夫婦共に思っていたのだが、実はお手伝いの方もその音を階下で聞いており、先生か奥さまが寝室を出入りしている、と思っていたのだ。だがそれは大分後になってわかったことである。

ある時、夫人は親しい友達と東南アジアのツアー旅行に出かけた。親しい友達は青山のてんぷら屋のおかみさんで、旅の間中、ずっと二人は一緒の部屋に寝泊りしていた。

旅程も後半にさしかかったある夜、夜中にふと夫人が目を醒ますと、ベッドの向うにあるソファに男が腰かけている。頭がモジャモジャの縮れ毛で、大男。向う向いている首筋は地黒だったという。

びっくり仰天した夫人はてんぷら屋さんを起して、男がいる、モジャモジャ頭の大男が、と大騒ぎをした。だがてんぷら屋さんには何も見えないから、夢でも見たんでしょうというよりしようがない。

そんなことがあって間もなく、夫人は帰宅した。

「タイ人の幽霊が部屋にいたらしいんだよ」

と宗薫さんは私に話した。青山のてんぷら屋へ行った時も、私はおかみさんからその話を聞いた。

「そりゃもう、たいへんだったんですよ。怖い怖いって……」

とおかみさんは笑っていた。

それから暫くすると、そのモジャモジャが家の中にいることに夫人は気がついた。モジャモジャはタイから夫人にくっついてやって来たらしいということだった。だが宗薫さんには何も見えないから、ただ夫人の騒ぎに困っているだけである。二階の寝室の板戸がゴロゴロと開閉していたのは、モジャモジャの仕わざだったのかな、と暢気《のんき》にいっていた。

夫人はノイローゼのようになった。宗薫さんは優れた霊能力の持主である美輪明宏さんに相談した。すると、なんと、モジャモジャはタイ人の幽霊ではなく、日本人の、しかも駒沢のその家に前から居ついていて、夫人が出発する時からずーっと旅行の間中、ついて廻っていた幽霊であることがわかった。どうやら彼は生前、美女に失恋してその家で首吊り自殺をした男だということだった。

「色情の因縁で成仏出来ない霊は、色っぽい美女に憑《つ》くのよ」

と美輪さんはいった。何とか成仏させなければ、このままだと夫人は衰弱する一方である。美輪さんは宗薫さんの家へお祓《はら》いに行ったが、そのあまりに強い色情の念に力及ばず、帰宅後、熱を出して寝込んでしまった。夫人は九州博多の実家へ逃げたが、これはこの世におけるストーカーではないから、博多は遠いから諦めようということにはならない。東南アジアの旅までついて行ったくらいだから、博多へ行ったところで逃げたことにはならないだろうと私は思っていた。

これほど強い色情霊を祓える人は「あのお方しかいない」と美輪さんはいって、美輪さんの霊能の師に当るお坊さんに頼んだが、そのお坊さんの力をもってしても、モジャモジャを完全に成仏させることは出来なかった。しかし、今は遠くへ逃げて行っているから、今のうちにこの家から引越した方がいい。ぐずぐずしているとまた戻って来るといわれ、宗薫さんは成城に突貫工事で家を建て、壁も乾かぬうちに引越した。

考えてみれば、そのモジャモジャがタイのホテルで夫人に見せたのも後ろ向きに椅子に坐っている姿だったという。

「モジャモジャの奴め、オレたちがヤッてる時もそばへ来て見てたのかなあ……」

羨ましかったか、口惜しかったか、と宗薫さんはいっていたが、それよりもその時もモジャモジャはベッドの傍でやっぱり「後ろ向き」になっていたのだろうか、私はそれを知りたい。

成城へ越した宗薫夫婦はもう、モジャモジャに悩まされることはなくなった。ほとぼりの冷めた頃を見はからってあの家に戻って来たモジャモジャは、誰もいない家の中でどうしただろう。二階の寝室にぼんやり佇んで、途方に暮れていたのだろうか。後ろ向きになって……といっても、誰もいない所では後ろ向きになりようがないだろう。
私は何となくモジャモジャが可哀そうである。

怪人の行方

色川武大さんは今頃、あの世でどうしているかしら、と時々思う。私は色川さんが好きだった。その人となり、暮し方、感じ方――それらをひっくるめた色川さんの文学を敬愛していた。そうしてその上に、色川さんのふしぎさに心惹かれていた。

もの書きというものはみな、それぞれに変っている。つまり世間の物指しからハミ出ている。そうでなければ一人前のもの書きにはなれないと私などは思っているのだが、しかし色川さんの変り方というのは「世間から見て」などという狭いものではない。「この世に生きる人として」変っているのだった。色川さんは本当に「この世の人」だったのだろうか？　本気で私は考えるのである。

ある時、色川さんはふといった。

「ゆうべ寝ていたら、オレの身体の上をキリンが通って行くんですよ」

「キリン！」

と私はいったきり、絶句した。

「何ですか、キリンって」

「キリンですよ、キリン」

「あの首の長い？」

「そう」

色川さんはいった。

「仰向けになって寝ていたんですがね。足もとの入口からキリンが入って来て、オレの上を黙って歩いて行った。次から次へと」

「一頭じゃないの？」

「次々に来ましたね」

「で？……どうしたの、色川さん……」

「仕方なく寝てましたよ」

「痛いとか苦しいとかなかったの？」

「何ともないんです。ただ通って行った……」

色川さんは驚き顔の私を見て、ちょっと口もとをゆるめただけだった。

こんな話を聞いたこともある。

「その頃、住んでた家はL字型に部屋が並んでいる家だったんだけど、つまりここに六畳があって、その左隣に四畳があって、その四畳の先に、もうひとつ四畳がついている。そんな家だったんだけど、ここの六畳でオレは本を読んでたのね。すると、突然、襟がみを摑《つか》まれたような気がしてね、気がついたら一瞬のうちに隣りの四畳を通過して、その先の四畳にほうり出されてたんです。夏のことで、襖は全部とっ払ってあったから、一息にざーッと行ったんだな。膝小僧が畳をこすって行く感覚もちゃんとあった……」

「なんなの、それ」

「ふり返って本を読んでいた部屋を見たら、オレが坐っていた座椅子がひっくり返っていましたよ」

「なんなんですか、それ？」

「――わからない」

と色川さんはいうだけだった。

そんな話を色川さんは淡々とする。まるで、「今日は焼芋屋が来た」と話す時のように。あるいは「階段を上っていて足をすべらせた」、という時のように、極めて日常的な報告なのである。

人によっては、キリンが身体の上を通って行ったことの意味はそも何であるかとか、キリンは何を象徴するかなどと考えるかもしれないし、例えば酒場のホステスなんぞは面白半分にキャアキャア騒ぎながら話を聞いて、大いに楽しむだろう。

「またそんな。つまらないデタラメを真面目な顔していうんだからァ……」

と怒る人もいるかもしれない。

私は意味も考えないし、騒ぎもしない。疑いもしない。ただ、

「うーん、意表を突く……」

と感心するだけだ。私も色々な異常現象を見聞してきているが、こういうキバツなのはかつて見たことも聞いたこともない。それだけでも色川さんに尽きぬ興味を持ってしまうのだが、それにも増して興味深いことは、それらの現象を色川さんが驚きもせず、怖がりもせず、かといって面白がっているふうもなく、極めて日常的に受け入れていることなのだった。

色川武大は大人物だ——そう思って私は畏敬していたのである。

色川さんは「ナルコレプシー」という稀な病気を持っていたことで有名であった。ナルコレプシーを日本語にすると、「睡眠発作症」というようなものらしい。それは何の前ぶれもなく唐突に襲ってきて、色川さんを深い眠りに突き落とす。道を歩いていようと、食事中であろうと、マージャン中であろうと、それはいきなりやってくる。その眠りの深さは今はやりの言葉でいうと、まさに爆睡とでもいうにふさわしく、殆ど人事不省《じんじふせい》といってもいいほどの状態に陥る。

一度、色川さんは北海道の浦河町にある私の夏の家へ遊びに来たことがあった。画家の永田力さんと当時「小説新潮」の編集部にいた横山さんが一緒だった。皆で釣りをすることになって、小さな漁港の突堤へ行って釣りを始めた。どういうわけか生れて初めて釣りをする私の竿に、次から次へとアブラッコがかかって大騒ぎしている時、気がつくと色川さんは突堤の端っこ、真夏の昼の陽光が、まっすぐに落ちてくる下、コンクリートが壊れた穴に出来た水溜りに片脚を突っ込んで爆睡していた。

「あ、眠ってる、色川さん」

と私はいったが、永田さんも横山さんも軽く笑っただけである。私も少し笑ってそのまま釣りをつづけた。その眠り方には人に有無をいわさぬ迫力があった。

昼食の支度に私は家へ帰ったので、色川さんがどんなふうに目を覚ましたかを見なかったが、いつか気がつくと色川さんは家に帰っていて、黙々ととうもろこしを食べていた。

「いやあ、すっかり眠っちゃってねえ」

ともいわなかった。

色川さんのナルコレプシーは有名だが、私はナルコレプシーといっても、そんじょそこいらのナルコレプシーとは違う、と思っている。もしかしたら色川さん自身もそう思っているのだが、説明するのも面倒くさく、またしてもしょうがないので、ソレにしておく、というような気持ではなかったか。

私は色川さんからこんな話を聞いている。それは色川さんの『怪しい来客簿』という本にも書かれていることだが、

「どうもオレとそっくりの、というよりこのオレじゃないかと思えるような男が一人、この世にいるようなんだ」

と色川さんはいった。ある日、色川さんが馴染《なじみ》のおでん屋へ行くと、友人が

来ていて、色川さんに向って、君はこの前の木曜日にここで出会った時オレが挨拶してるのに知らん顔をしてたじゃないか、と詰《なじ》った。しかし色川さんはどう考えてもその日にこの店へは来ていない。色川さんは来ていないといい、友人は確かにいたといい合った。と、その時、おでん屋のおかみさんがいった。

「先週の木曜日、確かに色川さんは来てましたよ。丁度今、坐ってるそこに坐ってたわ」と。

色川さんが中学生の時のことだ。色川さんの国語教師が映画館から出て来た色川さんを捕《つか》まえ、身分証明書を出させたら、違う学校の身分証明書を持ち名前も色川武大ではなかった。翌日色川さんは教師に呼び出されて訊問《じんもん》を受けた。昨日の夕方、何をしていたか、と訊かれ、模型飛行機の材料を買いに行ったと答えると、教師は嘘をつけと怒って尚も巣鴨日活の前で教師と会ったか会わなかったか正直に答えろと詰め寄った。色川さんの家は牛込だったから巣鴨の方は行っていない。そういうと教師はますます怒り狂い、色川さんは仕方なく

「すみませんでした、これからはこんな態度はとりません」と謝った。

その時のこと、おでん屋でのこと、そのほかにも友人知人から同じようなことをいわれることが何度もあったという。

色川さんの風貌はそんじょそこいらにあるありふれたものではない。若い頃の写真はびっくりするほどの、すらっとしたハンサムだが、私が知っている色川さんは独特の押し出し、風貌だった。ずんぐり横に広い感じで、額がせり上っていてそれを囲むように長い髪が八方に垂れているさまは、いうならば「武将の斬り首」といった趣だった。色川さん自身もいっている。

「私の顔は異相で、日本人というよりインドか中近東の貧民という感じだなとよくいわれる、こんなグロテスクな男がもう一人いるのかな」

と色川さん自身、ふしぎがっているのである。

「ふしぎなことに、オレの方が人違いで声をかけられたことはないんだ」

と色川さんはいった。ということは色川さんにそっくりの人物が一人、この世にいるということではなく、色川さん自身が自分も知らぬうちにほっつき歩いている、ということになるかもしれない。

もしかしたら、あの爆睡の間に色川さんの魂が肉体から抜け出して、好き勝手に遊び歩いているのかもしれない。そうして戻って来た時に色川さんの目が醒めるのかもしれない。

「幽体離脱ということがあります」

とある霊能者がいったことがある。色川さんはナルコレプシーではなく幽体離脱癖の持主なのかもしれない。しかしではなぜそんな癖が？　と訊かれると誰にもわからないのである。勿論、色川さんにもわからない。第一色川さんはそれをわかりたいと思わないのだ。

ある夜更《よふけ》、色川さんは飲み屋のおかみと夜道を歩いていた。べつに特別の仲ではなく、ふと出会って帰る方向が同じだったから一緒に帰ろうとしていたのだ。月のいい夜で、片側に長い土塀がつづいている道だった。月の光が色川さんとおかみの影法師をくろぐろと土塀に映し出していた。やがて分れ道へ来て色川さんは左へ曲らなければならない。その場に立って二人は少し話をし、それからさよならといって色川さんは左へ折れようとした。おかみは土塀に沿って真直《まっすぐ》に行く。何げなく見送っていて、そして気がついた。さっきまで土塀に映っていた二つの影法師は今は一つになっている筈である。なのに土塀には何の影法師もなかった。おかみは歩いて行く。しかし影法師はなかったのである。

おかみはこの世の人ではなかったのか？

しかしそれじゃあはじめのうち影法師が二つあったのは何なのか？

私の頭にはむらむらとそういう疑問が湧き、解明の手がかりを得たくていろいろと色川さんに質問したい。だが色川さんは眠そうな目をして「さあー」といい、「ふしぎでしょう？」

というだけなのだった。

色川さんの心霊体験はほんとうに凝っていた。そんじょそこいらの幽霊――

柳の下からじーっとこっちを見ていたというようなありふれたものではない。あまりに凝っているので、それは気のせいだろ、とはいい兼ねて却《かえ》って信じてしまうくらいである。

「あれは、突然やってくるもので、つい先日も大きな鳥が、頭上の夜空に来た気配で、夜鳥はひと声というが、その鳥は、

『御飯はいらない、御飯はいらない、御飯はいらない――』

二声も三声もそういって鳴きながら遠くへ去って行った。」

以上は「ふうふう、ふうふう」という色川さんのエッセイからの抜粋である。「おぼえてろ」でもなければ「うらめしや」でもない。「御飯はいらない、御飯はいらない」というのは、あまりに奇抜なので、これは作った話だろう、とは却って私は思わないのである（勿論その逆の人も沢山いるだろうが）。その時、色川さんは寝転んで、胸の上で雑誌を開いていたが、周りに陽炎《かげろう》がたったような気がしたという。そして雑誌が何かに押されて顔の上に倒れかかった。

急いで元の形に戻そうとするが、空気の層が重くなっていき雑誌がひしゃげてなかなか立たない。その時に「宇佐美のお婆さん」という死んだ老婆が脇に来ていて遠慮がちにいうのである。

「先だっては、ありがとうございました。思いがけなく、あたしのことなンかをまァ、あンなふうに書いてくださって——」

つい二か月ほど前に、色川さんはそのお婆さんのことを「話の特集」に書いていたのだ。

「ああ、お婆さん」

と色川さんはいう。

「あちらでも、達者で居たンですねえ」

「はい」

「お変りがなくて、結構です」

「はい」

というような会話を交す。

「それは夢でしょう。夢の話を実に巧みに現実に織り込んでいる手腕はさすがです。凡手じゃありませんな」

と感心している人がいたが、感心されてもされなくても、否定されても信用されても、色川さんにとっては、どっちでもいい、という気持だったにちがいない。

紹介が前後したが、その「ふうふう、ふうふう」はこう書き出されている。

「あの世、というと、どうもなんだかニュアンスがちがう。天国、彼岸、ますますぴったりこない。いっさいのものの向こう側だの、天の彼方だの、そんな感じではなくて、あるとすれば、それは、我々の居る空間とはまったくダブっており、我々はただきわどくすれちがっているだけのような気がする。証拠はないけれど、こういう空間が他にあるものかと思う。

人が死んでどうなるかというと、燃えて死灰と化してしまうだけの話で、それにまちがいないようにも思われるが、確かなことはなにもわからない。人間は常にあやまちをおかしており、たとえ神さまが勘ちがいをなさっている場合でも、それ以上にミスをしている、とものの本に書いてある。

したがって我々は、逆にどれほどひどくまちがっても驚くことはないので、死ねばそれっきりと思おうと、死んだ向こうにまた何かあると思おうと、どう思おうがかまわない。どちらかといえば、死ねばそれっきりとなった方が、面倒がなくてありがたい。」

そんなふうに考えていた色川さんは、あの世でどうしているのだろう。一九八九年、彼は心臓病で亡くなった。確か盛岡ではなかったかと思うが、確かな記憶ではない。色川さんが東京を離れてから私たちは疎遠になった。色川さんとのつきあいには常に傍に川上宗薫さんがいたから、川上さんが死んでしまった後は自然、疎遠になったのだ。

川上宗薫さんが死んだ夜、友人が集って夜半まで葬儀の相談をしていた時、

突然、部屋の電気が消えた。この頃は停電など滅多にないので居合せた者は驚いて、

「あ……」

と声を上げ、どうしたんだろう？　という沈黙が落ちた。と、すぐに電気はパッとついた。ショートしたのかとほっとした時、また消えた。そしてそのまつかない。たまたま川上さんに信頼されて川上邸の電気工事一切を行ったという電気屋の須山さんが居合せていたので、彼はすぐ、二階へ上って行った。二階の天井裏に（私は専門知識がないからうまくいえないが）この邸の電気の総元締めのような箇所があり、そこを検分に彼は上ったのである。だがどこをどう見ても停電の原因がわからない。どこも何ともない。考え込んでいる時、パッとついた。また消え、またついた。――さっぱりわからない、原因不明です、――と須山さんは浮かぬ顔で戻って来た。

「あれは何だったのか、どう考えてもわかりません」

その後も須山さんはその話になる度に首をひねる。

美輪明宏さんはその話を聞いて、

「宗薫さんってパワーがあったのねえ」

と感心した。つまり、電気を明滅させたのは宗薫さんの私たちへの「挨拶」だったと美輪さんはいうのだ。挨拶？　なるほどね、と私は思う。しかし川上さんのことだ。それは挨拶ではなく、びっくりさせてやれ、という悪戯心だったのかもしれない。

話は横に逸《そ》れたが、生前、心霊体験など何もなかった宗薫さんでさえ、死んだ途端にそんな挨拶をして冥途に旅立ったのだ。幽霊と親戚づきあいをしていたような色川さんが、何の印も残さないで旅立ったとは思えないが、「死ねばそれっきりと思おうと、死んだ向こうにまた何かあると思おうと、どう思おうがかまわない。どちらかといえば、死ねばそれっきりとなった方が、面倒がなくてありがたい」と考えていた色川さんは、面倒がないから「死ねばそれっきり」とばかりに冥途で爆睡しているのかもしれない。

どこまでつづく合戦ぞ（1）

去年（平成十四年）十二月五日号の「女性セブン」にこういう見出しの記事が出た。

「血だらけの侍、子供の幽霊も。

夜中に突然テレビがつき、おもちゃが鳴り出した。

あの悪霊の館　住民騒然！

あれから2年　戦慄再び。」

そして本文はこうである。

「2年前、日本中の話題をさらったあの岐阜の町営住宅で、2〜3か月前から異変が起きた。はじめはひっきりなしに続く、壁を叩く音だった。そしてある日、髪の長い女、そしてテレビにはいっていく女が現れた。住民の間にスクリーンさながらの戦慄が走った……」

誌面の一部に写真が出ている。

「田中さんの家ではドアがガタガタ鳴るという」という説明がついていて、

「自治会長の田中忠則さん」が自宅のドアを指している写真だ。

私は二年前、町営住宅のこの幽霊騒動が起きた時に、田中さんに会っている。見るからに温厚素朴な小柄な老人で連日のマスコミ攻勢にうんざりしながらも、生来の温厚さゆえにイヤな顔が出来ず、何十回とくり返したであろう異常現象の詳細を私に語ってくれた人だ。

富加《とみか》町町営住宅はその騒ぎが起る一年半前に新築され、四階建、二十四世帯が居住していたが、やがて居住者の半数以上が異常現象に悩むようになった。

その異常現象とは、

1、カンカン、ドンドン、ピシッ、パシッ、ゴーッ……などの怪音が夜通し聞える。

2、四階のMさんの部屋では突然、食器棚の扉が開いて、皿がフリスビーのように飛び、茶碗が落ちてその欠け口がコの字形になっていた。

3、水道からひとりでに水が出たり、テレビチャンネルが勝手に変ったりする。

4、別の部屋では電源が入っていないのに、深夜いきなりドライヤーが作動を始めた。

5、髪の長い女の幽霊が階段に坐っていたり、裸足で駐車場を走っているのを何人かの人が目撃した。

そのために居住者の何世帯かは夜になると避難を始めたり、欠陥住宅ではないかというので、役場や建設会社が調査をしたが、構造上の欠陥はないといわれた。

そこでついに祈禱師を呼ぼうという話になって、その費用の助成を町に求めたが、町からは「政教分離に反する」という理由で拒絶された。やがてその一連の騒動を知ったマスコミが押しかけ、更にそれを知った自薦他薦の祈禱師などがひきも切らず、田中さんが受け取った名刺は三百五十枚にもなったという。

つまり、私もその一人だったわけである。

その時の原稿に私は田中さんの談話としてこう書いている。

「廊下を走り廻る音がタ、タ、タ、トントントン、二時間ほどつづく。はじめは上の部屋の子供らが走っとるのかと思って聞きに行ったら、いや、みな寝て走っとらんという。おかしいなあ、というてるうちに壁を丸太で叩くような音がバーンバンバン・カンカンとか、ギシギシ鳴りよるし、天井じゃバシーッ・バシバシ、バシーッ……。それが夜通しや。いやもう眠れたもんやないで、焼酎飲んでベロベロに酔うて寝ても、目が覚めるんやから」

ついに田中さんは枕許《まくらもと》に木刀を置いて寝た。怪音が始まると木刀を持って外へ飛び出した。

しかし、

「なんもないもんね」

木刀をふりかざそうにも、目に見えぬ霊魂が相手であるからどうしようもなかったのだ。

その時の私の同行者は当時、「小説宝石」編集部に在籍していた金盛嘆次郎さんと霊能者の江原啓之さんである。どんより曇って今にも降り出しそうな秋の一日だった。

町営住宅は町外れの田畑やそれに連なる野っ原に向って建ち、すぐ前を掘割りのような小さな川が流れている。そのささやかな前庭に立って川の向うをじっと見ていた江原啓之さんの目にやがて見えてきたものがある。それは黒い三角の笠のようなものをかぶった男が数人、中腰になってこちらを窺《うかが》っているという光景である。手に棒のようなものを持っています、と江原さんがいううちに、それが鉄砲であることがわかってきた。人数も次々に増えていき、（江原さんは、ひい、ふう、みい、よおと数えて）だいたいのところ二十三人になりました、という。これは鉄砲隊ですね、戦国時代ですかねえ。や、今、馬に乗った武士が現れました。頭におかま型の帽子をかぶって、胴だけの鎧《よろい》をつけています……。

しかし私と金盛さんの目にはただ一面に広がっている畑や野原があるだけなので、「馬に乗った武士は馬を横づけに止め、雑兵《ぞうへい》たちに何やら指図をしています」といわれても、「はあ、そうですか」としかいえなかった。

そのうち雑兵の数はどんどん増え、いつか五十人ほどにもなっている。弓を持っている者、鉄砲を構える者、皆こちらを目ざして攻め寄せて来る。「こちら」というのは即ち、この町営住宅である。

「あっ！　始まりました！」

と江原さんが叫び、合戦が始まったらしい。向うから矢や鉄砲の弾が飛んで来るという。江原さんがふり返って背後の住宅の建物を見ると、各部屋のベランダにさっきまではいなかった雑兵が現れていて、こちらからも盛《さかん》に鉄砲で応戦している、その数、二、三十人もいるでしょう、ということだ。

「あっ！」

と叫んで江原さんが慌てて飛び退《の》いたのは、ベランダから弾に当った雑兵が落下して来たからで、あるいは私や金盛さんの頭上も危いのかもしれないが、我々の目には何も見えないので我々は泰然というか、呆然というか、啞然というか、ただ突っ立っているしかなかった。

田中自治会長のいう「夜になるとはじまる物音——バーンバンバン、カンカン、バシーッ」という騒音や家鳴り振動は、この攻防戦が原因だったのだ。田中さんが「子供が走り廻る足音」だと思っていた音は、こちらの砦《とりで》の兵たちが、右往左往して防戦に努めている物音なのであろう。

そうしているうちに秋の陽ははや暮れ始め、あたりは薄闇に包まれた。冷たい雨が降ってきた。現世の時間は昼から夜に移りつつある時刻だが、あちらの時間は（こちら側と昼夜が逆なので）今、白々と夜が明けてきたというところらしい。江原さんの霊視では、この住宅の建物に重なるように粗い板を張った砦が存在しているという。全くぴったり重なっているのが不思議です、と江原さんはいう。

このあたりはかつて牛豚の処理場だった時代がある。栗林だったこともある。子供の遊び場になったり、キャンプ場になった時もある。栗林で首吊り自殺をした女がいたこともあるという。その頃はこの雑兵の魂たちはどうしていたのだろう？　牛豚の処理場だった時もキャンプ場の時も、そのはるか昔々、原野だった時も、彼らは戦いの後の四百年もの長い歳月を、一日も欠かさず夜になると現れて戦いつづけていたのであろうか？　それとも牛豚の処理場やキャンプ場ではかつてのように応戦することが出来ず、ただ恨みを呑んでさまよっているしかなかったのか？　さまよいつつ、彼らの魂は砦を求めつづけ、その一念が凝って、ここに砦に代るものとして町営住宅が建った——彼らの一念が建てさせたのかもしれない。

さまよい苦しみ浮遊霊や地縛霊になっていた雑兵の霊たちは、そこで勇んで出来上った町営住宅——つまり砦に入って、いくさのつづきを始めたのだろうか。

　昭和四十九年、フィリピンのルバング島で日本の敗戦後、二十九年もの年月をジャングルに隠れ棲んでいた小野田寛郎（元少尉）は発見されても日本へ帰ることを承知しなかった。戦争は終ったという上官の命令解除がない限りは帰らない、といい張ったのである。そこで仕方なくかつての上官がルバング島へ飛んで、直接命令解除を伝え、それによって彼は納得して帰国したのだ。

　この野ッ原で戦いをつづける戦国時代の雑兵たちの霊はそれと同じなのです、と江原さんはいった。武士（軍人）というものは、戦うことへの強い使命感を持ち、上司の命令には絶対服従である。その一念が彼らを未浄化霊にしているのです、と。小野田元少尉は現世の人であるから、元上官の命令解除の言葉がすべてを解決した。だがここの雑兵は霊魂である。彼らが戦った日々から幾星霜。命令を下した武将の魂もまた未浄化のままでいるのか、それともさっさと浄化されて、行くところへ行ってしまったのか。「戦いは終結した、もうやめよ」、というべき上官はいない。

ただ一つ考えられる解決策は、この戦いを命令した武将の霊を招霊して霊媒に下ろし、その口から戦争が終結したこと、戦いはやめよといわせる。そうすれば雑兵たちの霊は納得し、呪縛していた一念から解き放たれて、成仏出来るだろう、と江原さんはいった。

「わたしが一人で今、あの野ッ原の真ん中に入って行って、霊たちに向って説得を試みたとしても、あれだけの数で、しかも強い一念に凝った霊たちを納得させる自信はありません。多分、わたしはやられてしまうでしょう」と。

私たちは夜の雨の中を帰途についた。私たちに出来ることは何もなかったのだ。

帰りの電車の中で私はこんなことを考えた。雑兵の中にも戦うことにそれほど一念を籠《こ》めていない者が一人や二人はいたにちがいない。殺し合いなんかほんとはしたくないのだが、幾ばくかの銭《ゼニ》に目が眩《くら》んで雑兵募集に応じた者、あるいは友達に誘われてよく考えもせずに加わった者などが。そういう手合は合戦が酣《たけなわ》になってくるにつれて、こいつはえらい所へ来てしまったものだと後悔し、鉄砲は与えられたから撃つが、弾に当らないよう、あたりを見てはチョコマカと動いて逃げ廻っているうちに、流れ弾に当ってあっさり死んだ者もいるだろう。そういう者の霊魂は、戦うことへの一念に凝っているわけではないから、「あ、しまった!」と思うくらいで、案外素直に死んで、あっさり成仏したのかもしれない。

常に真面目、一所懸命な人間が報われるのは現世での常識であって、あの世へ行くためにはどうやらその常識は通らないらしいのであった。こすっ辛い奴、いい加減な奴、この世では非難を受けたような人間が、いい加減さゆえに心残りも一念もなく成仏していくということなのかもしれない。

日露戦争の時、歩兵隊のラッパ卒、木口小平《きぐちこへい》は敵弾に斃《たお》れてもラッパを放さず吹きつづけようとしたという話がある。

「木口小平は死んでもラッパを放しませんでした」

という小学読本の文章を、ある年代の日本人はみな知っているだろう。それは兵士の忠節心と使命感を教える当時の「美談」だった。しかしもしかしたら、と私は思う。木口小平はラッパを握ったまま、それから百年も経った平成の今も成仏出来ずにその戦いの地で地縛霊になっているのかもしれない。その地に立って耳を澄ませば、あるいは悲しいラッパの音が聞えるかもしれないのである。

人を殺した者と殺された者と、どちらが多く地獄（暗黒界）へ行くかといえば、殺した者よりも殺された者の方が多いと聞いたことがある。殺された上に死んでも地獄へ行くなんて、間尺《ましゃく》に合わないと思うが、殺された者は恐怖や口惜しさや怒り、恨み、この世への執着などの強い想念を持って死んで行くため、この想念が浄化のさまたげとなるということである。番町皿屋敷のお菊幽霊がいい例だ。

一方、殺した者に悔いも苛責もなく、目的完遂の満足感がある場合は、あるいは死んでもさまようことはないのかもしれない。

武士は人を殺す。殺されもする。切腹することも、させられることもある。すべて覚悟の上である。

腹を切ることも教えて可愛がり

そういう古川柳がある。武士は大義の前には超然と死を受け容《い》れなければならない、という教えを受けて育っている。死は覚悟の上である。覚悟をもって死に臨めば、たとえどんな理不尽な死を与えられても、さまようことはないのだろう。善悪の約束ごとによって秩序を保っているのがこの世である。だが死後は善悪よりも死際の想念によって決るもののようである。

富加町の取材によって私が考えついたのはだいたいそのようなことだ。といっても私はこの考え方が正しいと主張するつもりはない。

――どうやらそうらしい。そうではないか。

という程度に考えたことだ。あの世へ行ってからこの世に戻って来た人がいない限り、これが正しいといい切れるものはないのだ。これは古くからのすぐれた霊能者の霊視や霊聴、あるいは守護霊の教導などをもとにした心霊研究の歴史によって類推した考え方である。

それから半年ばかり経った翌年の春、私は所用で名古屋まで行ったついでに江原さんを誘って再び富加町を訪れた。必要あってのことではない。その後どうなったかという好奇心からである。

半年前は冷たい雨の降る十月の末だったが、今は風は強いが明るい陽光のふりそそぐ春日である。正午過ぎの町営住宅は閑散として人気がなかったが、どう見てもここが夜になると騒ぎが起る怪しの館《やかた》とは思えない、清潔で明るい色の建物である。私たちは勝手知ったる住宅内の通路をあの時のように北から南へ抜け、川向うを見渡す小庭に出た。この前、ベランダから鉄砲の弾に当った雑兵が落ちてきた場所である。江原さんは黙って川向うを注視している。どうですか？　見えますかと訊くと、

「見えます……います……」

という呟きが返ってきた。

「います。雑兵が……こっちを窺う姿勢で、かがんで構えています。この前と同じです」

半年前の秋のあの昼過ぎにくりひろげられていた光景がそっくりそのまま現れているようだった。

「少しずつ雑兵の数が増えています……あ、来ました。馬が……あの武将です

……あの時のように馬を横づけにして……」

まるでビデオテープの再生のようだった。そのうち雑兵の数は増えて合戦が始まり、鉄砲が撃たれ矢が放たれ、それに当った雑兵がベランダから落ちてくる……あのくり返しが始まりかけているのだった。

これから夜通し、彼らは同じことをやる。まるでロングランの舞台のように。明日も明後日もその次の日も、斃れては起き上り、戦ってはまた斃れ、暁の光と共に立ち去って、それからどこかで眠るのだろうか？　いや、霊魂に眠りはいらないだろうから、眠りにつくのではなく、その場に消えて、陽が沈むとたち現れてくるのだろうか？　あるいは昼も夜もぶっ通して、ビデオテープを巻き返しては再生するように、休みなく合戦をくり返しているのだろうか？

田中自治会長宅へ向うべく、通路を抜けて階段の下を通る。と、江原さんがいった。

「この前も見かけた男が、やっぱり坐っています。階段の途中に……。白い袖のない半襦袢《じゅばん》みたいなものを着ただけの恰好で」

「今も同じ場所に？」

「多分、寝ていたところへいきなり攻めて来られたので、慌てて飛び起きて身支度をしようとした時に、流れ弾にやられたんでしょう」

彼が寝ていた砦のなかの休み場所が今は階段になったのだろう。

「階段の中段ですか？　この前来た時、私たちが上り降りしたところ……」

では私はあの時、坐っている半襦袢男の上を踏んづけるか、跨《また》ぐか、あるいは突き抜けるかして上り降りしたというわけだ。私だけではない、この住宅に住む人たちがみな、忙しく彼の上を往き来している。

「踏んづけられ、突き抜けられしながら、何を思ってるんでしょうね、彼は……」

思わずいうと江原さんは笑って、

「彼にはいざ戦わんという一念があるだけですよ」

といった。

どこまでつづく合戦ぞ（2）

田中自治会長に会うのは半年ぶりである。田中さんは幽霊疲れの様子もなく、半年前と同じ穏やかなニコニコ顔で私たちを迎えてくれた。

「どうですか、この頃は？」

まるで景気見舞のようだと思いつついう。田中さんの方も、

「まあまあですな」

と、すっかり幽霊馴れしたという趣である。かつてのような現象（皿が飛んだり、ドライヤーが作動するといった）は起きていないが、バンバン、ドンドンの音はやっぱりうるさいですな、ということだ。この半年の間に自選多選、数え切れぬほどの霊能者や修験者がこの住宅の浄化に来たが、最後に自治会が招いた有名女性霊能者S師の祈禱によって、どうやら怨霊も鎮まったらしいという噂を私は耳にしていたが、しかしその一方であまりにマスコミがうるさいので鎮静化したことにしておこうという住人の申し合せでそういっている、ということも聞いている。

田中さんにその点を確かめると、

「いや、それが何というか……まああというところで……ハハハ」

という返事であった。更に深く聞くと、実をいうとほかの部屋は何も起っていないらしいが、田中さんの部屋に鎧冑《よろいかぶと》の武将の幽霊が現れるようになっている。

「わしも見たし、女房もね。女房は今まで信じなかったのが、見たもんだからもう怖がって……」

と田中さんは笑った。

なんでこんなところで笑うのか、怖いから笑うのかと、普通の人は単純に考えるだろうが、こういう経験を話す時に怖いから笑うとは決っていないことを私は経験上知っている。この笑いの中には、多分相手が信じないであろうこと、信じないばかりでなく心の中でバカにしているだろうという勘ぐりがあって、つい信じない人へおもねる気持が生れるが、でもこの怖さは本当のことなんだからいわずにはいられない、いいたいという気持も一方にあり、いうにいえない弱気が生れる——いうならばそんな自信のなさが笑いになるのであろうと私は推察する。この笑いはまことに孤独な笑いなのである。それがだんだん経験を積むと笑わなくなり、例えば「東京駅で小泉首相を見かけてね」というような日常的な声音《こわね》になっていくのである。

田中さんの住居はこの住宅の建物の東の外れにある。江原さんの霊視では、そこはかつてこの砦の本部というか、指揮官のいる場所だった。従ってこの侍大将の幽霊は四百年前からずっとここにいたのであって、改めて田中さんの所へやって来たのではない。これまで田中夫妻の目には見えなかったのが、この頃になって見えるようになった。なぜか、と訊かれてもその理由はわからない。そういうことはよくあることで、幽霊が見える怖いといって怯《おび》えている人をさんざん嗤《わら》っていた人が、突然見えたりすることがあるのだ。

この侍大将はどうやら戦いが終ったことを知っているようです、と江原さんはいった。ただ雑兵たちの一念があまりに強くて、自分の力ではどうすることも出来ず、それが気がかりで彼自らも成仏出来ないらしいということだ。

それにしてもこの半年の間、田中さんはたいへんだった。田中さんはある霊能者の勧めに従って、住宅前の広場に御影《みかげ》石の慰霊碑を建てた。すると別の霊能の先生が来て、こんな碑は処分した方がいいという。そこで田中さんは御影石の碑をもう一人の男性と二人で大ハンマーで叩き割った。すると翌日、突然腰痛が起って寝込まざるを得なくなった。田中さんと一緒に碑を壊したもう一人の男性は、腰痛、下痢、吐き気に襲われた。そこで田中さんは今度は壊した慰霊碑を慰霊する植樹をした。

またある霊能者は川を隔ててこの先にある春日神社に山のように塩を撒《ま》いた。それに気がついた神社関係の人から文句がきたので、田中さんは塩の山を掃除に出かけた。

それらのことを田中さんは（今度は笑わずに）淡々と話した。これは怖い話ではなく苦労話であるから笑う必要はなかったのだろう。

だが今は田中さんの家に侍大将が出没することと、バンバン、ダーンのラップ音のほかにはかつてのような異変は起っていないというから、女性霊能者S師の祈禱には若干の効目があったらしい。だが江原さんの霊視によると、原っぱの雑兵は相変らず見えるということだ。

ここで注意しておきたいことは、霊能者といわれる人たちの霊視、霊聴、除霊、浄霊の方法、その力はさまざまで、どの人が正しく、どの人が間違っているとは一概にいえないということである。例えば「霊視」ひとつをとっても、霊能者それぞれに見える「角度」というものがあって、その角度から見る対象は必然的に違う。A霊能者はこの窓から向うの景色を見る。B霊能者はその隣りの窓から見る。それだけでも窓の大きさや角度によって見える景色が違う。霊視とはそういうものであるから、同一の意見がないのはやむを得ないということだ。

「いいですか。霊視というものを頭から丸呑みに信じないで下さいよ。あくまで一つの情報として受け取って下さいよ」

霊性世界の敷衍《ふえん》に努めておられた故中川昌蔵氏はくり返しそういわれた。

あの世の情報には霊視のほかに、霊能者自身の守護霊が教える場合もある。従ってその守護霊の霊格の高低によって、霊能者の霊視にも高低がつくのは当然のことであろう。

さて、私たちは田中さんと別れて歩き出した。行く先は江原さんが「さっきからどうも向うの方が気になるんです」、という方向である。江原さんの指す方は川を隔てて向うに見える、こんもりした森である。森に行きつくと、そこは神社で、「白幣社春日神社」とある。立札の趣意書には「弘治年間、大和国奈良の春日四柱大神を勧請して東山の頂上に氏神として奉祀《ほうし》した」とある。「東山の頂上」とある通り、ここは森というよりも小山というべく、参道は鬱《うっ》蒼《そう》と繁る雑木の間、遥か向うに見える石段に向って十数メートルつづき、小暗い中、両側に石の献燈が片側十基余り、両側合せると二十基以上も向き合っているのがなにやらもの寂しく、見るからに陰気だ。

鳥居をくぐって参道に足を踏み入れようとした時、突然ゴーッと空が鳴って強風が森を揺らした。風の強い日ではあったが、この時の風の音は思わず立ち竦《すく》むほどに唐突で、怖ろしい力が籠《こも》っていた。私がそう感じるのと同時に江原さんも、

「いやな風ですね」

という。そのまま黙りこくって参道を行き、石段を上った。上ったところから更に数段の石段があり、拝殿の正面に出た。神殿のまわりは思いのほか広々と開けていて、樹木がないせいか、さっきまでの息詰るような暗鬱さはない。

江原さんは沈黙したまま神殿の後ろへ廻る。すると思いがけない近間《ちかま》にあの町営住宅が見えた。遠いと思っていたのは、野っ原をグルーッと廻って来たからで、川を越えれば案外近いのだ。暫く沈思していた江原さんは、やがて、

「わかりました」

と口を開いた。

「向うよりも、こっちに問題がありますね」

という。

「多分、織田方だと思うんですが、この山を拠点に信長の軍勢があすこを攻めたんですね」

「あすこ……あの町営住宅にあった砦ですか？」

「あの川は今は細い小川になっていますが、昔はこの山と向うの砦の間を流れる大河だったんです。つまり大河を挟んでの攻防戦だった。そして……この山側が負けています」

「こっちが負けた？　向うじゃないんですか？」

「なぜ負けたかというと、向うがこの河を塞《せ》き止《と》めたんです。それでこちらは水に困った。この河の水を飲んでいたんですから……。負けたのはそのためでしょう」

江原さんはいった。

「この山には白骨がそこいらへんに埋まってますよ」

思わずあたりを見廻した。気がつくと春だというのに小鳥の声ひとつしない。寂寞《せきばく》の気が森を包み、川向うの町営住宅は明るい午後の春陽に包まれてのどかであるが、こちらは小暗く、うそ寒く、木立をゆるがして吹き過ぎる風の音が聞えるだけである。

「彼らは私たちに敵意を抱いていますよ」

江原さんはいった。

「私たちが川向うから……あの住宅からやって来たことがわかっているんです。それで敵だと思っています……」

そして江原さんはいった。

「向うの霊とこちらの霊とは全く違います。こちらのには怨念が籠っています。

さあ、戻りましょう。長居は無用です」

町営住宅の霊たちは敵との攻防の一念に燃えているだけだから（バンバン、バシーッのラップ音はうるさくて困るが）怨念ではない。だがこの山の霊たちは水を止められ、飢渇《きかつ》の中で苦しみ悶え呪って死んだ者たちだ。もしかしたらラップ音を立てる力すらなく（立てても気づく者とてない山中）、永久に消えぬ怨みを抱えて地縛霊になっているのか。思えば憐れな話である。だがしかし、ここで単純に「可哀そうに」などと思ってはいけない。そう思ったことによって、浮かばれぬ霊がひょいと憑依《ひょうい》してくることがあるというから。そこが霊とのつき合い方（？）のむつかしいところなのである。

「永禄六年（一五六三）織田信長の侵攻に備え、中濃の三城は反信長の盟約を結んだ。三城とは、

関城　長井隼人正道利

堂洞城　岸勘解由信周
加治田城　佐藤紀伊守
の三城である。
その盟約より二年後の永禄八年、信長は東美濃侵攻を開始。堂洞城の攻略にかかった。
八月二十五日、戦いは午の刻（正午）に始まり酉の刻（午後六時）まで六時間に及んだが、激戦の果に堂洞城は攻め落された。
信長は高畑山に本陣をおき、堂洞、関の連絡を分断し、関城長井隼人の援軍が高畑の松林に侵入したのを撃退した……」

右は第一回目の富加町町営住宅取材の後、同行した金盛さんが富加町町史からの抜萃《ばっすい》を届けてくれたものである。その時は読み過しただけだったが、春日神社の江原さんの霊視を知った後では何かしら意味深い史実に思えてきた。

「信長は高畑山に本陣をおき」とあるが、富加町住宅のある一帯は「高畑」という字《あざな》で富加町住宅は正式には富加町高畑住宅と呼ぶ。「高畑山」とはあの春日神社のある山のことではないのだろうか？

金盛さんから貰った簡略図によると、南北に流れる津保川の西側に関城、川の東側すぐそばに高畑山がある。あの春日神社の裏手の目の下には川が流れ、その対岸に富加町営住宅があった。江原さんの目に住宅と二重写しに見えた砦は、もしや関城の出城として造られたものではなかったか？

「この時、信長は高畑山に本陣を置いて、堂洞城と関城の連絡を分断し、関城長井隼人の援軍が津保川を越して高畑の松林に侵入したのを撃退した……」という記述の後、更にこうつづく。

「信長はその後、一旦犬山へ帰るべく、残った部隊を連れて出発したが、手勢は八百ばかり。そこへ長井勢に加えて井の口（岐阜）から竜興の軍が加わり、合計三千が襲いかかったので、とうていいくさにならず信長はそのまま退いた」

ここで私は考える。信長が退いた後、若干の兵が守備隊として高畑山に残っていたのではないか。そうして津保川の水を塞き止められて渇死してしまったのではないか？

「九月に入って信長は改めて関城攻めを開始する。ついに関城は落城。長井隼人はいずこともなく落ちて行った」

最終的にはこうして信長は中濃を制圧したのである（盟約を結んでいた加治田城佐藤紀伊守は盟約を破って信長に内通していた）。

この私の推論は牽強付会《けんきょうふかい》に過ぎるといわれるかもしれないが、しかし江原さんの霊視が四百年前の歴史を掠《かす》っていることだけは間違いなさそうだ。そういえば田中さんの話の中に、ある霊能者が春日神社に塩を撒いたため、田中さんはその掃除に苦労したという話があった。その時その霊能者は川を隔てた遠い森の、関係もない春日神社に何のために塩を撒くのかと、人々の不信を買ったであろう。だがその人と江原さんの霊視は微妙に重なるのである。

そうして平成十四年十二月、

「あれから二年。戦慄再び」

という大仰な見出しで、女性週刊誌が富加町営住宅に再び超常現象が始まったことを報じた。そして田中さんが、

「私の部屋を中心に、一日に五十回も六十回もラップ音、つまりドンドンというような音がするんです。それに外から壁を叩くような音やノコギリで何かを切ったりしているような音が日に日にひどくなってきたんです。またか、と思いましたよ」

と語り、つづいて、

「前の怪奇現象の時、住民たちは祈禱代を出しあって霊能師を呼び、そのお祓いの結果、怪奇現象がおさまった。一件落着と、誰もが胸をなで下ろしたのだ

が、二、三か月前から再び怪奇現象が起きているという……」

という説明がされている。

「あの土地には霊的エネルギーが満ちていて霊的汚物でいっぱいです」

と江原さんがいっていたことを私は思い出した。そのエネルギーはS師の祈禱で一時は鎮まるが、そのうち時が経つと再びエネルギーが戻ってくるのであろう。私は斃《たお》しても斃してもムックリ起き上ってくる『ゾンビ』の映画を思い出した。この地は戦国の兵たちの一念ばかりでなく、自殺者や殺された外国人やら、いろんな霊が集っている。並大抵じゃない所だとS師もいったということだ。

その後、再度S師は祈禱に来て霊は再び鎮まった。だが数か月を経てまたドンドンバシーッが始まりかけていたのだ。聞くところによると田中さんは、

「もう少し頻繁になってきたら、改めてS師にお頼みしようと思っています」

といっているそうである。いうならばこれは「モグラ叩き」ともいうべきもの

である。

そうして月日は過ぎて行く。私がこの原稿を書いている雨の夜も、韓国大統領歓迎の宮中晩餐会が開かれている夜も、あちこちで会社が傾き、失業者が巷に群れている今も、そうして、この私が死に、この記述も忘れられ消えてなくなってからも、あの地では三角帽の雑兵が原っぱの果に現れ、侍大将が馬で登場してドドンバンバンが始まるのだろうか。そうして春日神社の森の中では渇え死にした兵士の怨霊がざわざわと樹々を揺らせているのか。

いったいいつまで彼らはそうしつづけなければならないのだろう。

ノホホンと天国行き

中山あい子が亡くなりはや三年経った。私は今、「中山あい子」と呼び捨てにしたが、それは私にとってそれほど親身な存在だったということだ。腹の立つこと、愚痴りたいことがあると、私は必ず彼女に告げた。しかしそれを聞いた彼女は一緒になって腹を立てたり、慰めてくれたりしたわけではない。必ず彼女は笑った。大笑いに笑った。彼女は怒っている私をおかしがり、愚痴を茶化した。そうして笑われてみると、なるほど、怒っている私は何となく滑稽《こっけい》に思えてくるし、愚痴っている内容も他愛がなくて笑えてくる。そこで私も彼女と一緒になって笑い、怒りも愚痴もさっぱりと消え去るのだった。

ひと頃、私はいわゆる霊現象というやつに日々悩まされていた。朝起きると玄関に並べてあったスリッパが、塔のように重なって壁にもたれていたり、納戸に買い置きしておいたミネラルウォーターが、台所の冷蔵庫の上にずらりと並んでいたり、レコードプレイヤーの上のレコードが、波打つように曲っていたり、いきなりテレビがついたり、また消えたり、昨日買った洗剤が、一夜のうちに半分以上も減っていたり……それを書き始めたらこの原稿の一回分はゆうに埋まってしまうだろう。

たいていの人はこの現象を話すと、真剣な面《おも》もちになって怖がる。現象を怖がるだけでなく、この私まで怪しい人間のように見なす人もいて、たまには遊びに来てよ、といっても生返事をしたまま、逃げ腰になるのだった。

そんな時、中山あい子は実に頼もしい対応をしてくれた。

「大分前のことだけど、ＪＲの市ヶ谷駅の陸橋を渡っていた時だけどね」

といきなり話が始まる。

「後ろからうわーッと蔽《おお》いかぶさってくるやつがいてねえ、マイったよ、あの時は」

「何なの？　それ、男？」

「女だよ。ものすごい力で、ふりほどくにもほどけない。長い髪の毛が後ろから流れてきて、口の中に入るんだよ。キモチ悪いったらないのさ」

「だから何ものなのよ、その女は」

「ユーレイだよ、女の……」

実にあっさりというのだった。口の中にユーレイの髪が入るなんて、ミネラルウォーターが並んでたのとは怖さの格が違う。

「で？　どうしたの？」

「どうにもこうにも、やられっ放し。でも一瞬のことだったんだろうね。すぐにスーッといなくなったんで、そのまま切符買って電車に乗ったけどね」

「まわりに歩いてる人いたんでしょ」

「いたよ。でも普通の人には何も見えなかったんじゃないのかな」

「けど、あなたはひとりで踠《もが》いて、口の中に入ってくる髪の毛をペッペと吐き出していたんでしょ。おかしな人がいる、と思う人だっていたんじゃないの」

「いただろうね」

平然としたものだった。

市ヶ谷の陸橋はJRの線路を跨いでいて、相当の高さだ。おそらくそこから飛び降り自殺をした女の霊が浮かばれずに浮遊していたものか——などと私はすぐに推理をしたくなるが、彼女にとってはそんなことはどうでもいいことのようだった。強盗や殺人鬼に襲われたんじゃないんだから、騒いだってしようがない、という気持ちらしかった。

ある夏の日、中山あい子ともう一人の友人Iさんとが、私の家で手料理を持ち寄って一夕楽しもうということになった。集合時間は五時である。

Iさんは早目に来てテーブルのセッティングなどを手伝ってくれる。中山あい子は大分遅れて来たが、何ごともなかったように「ごめん、ごめん」といっただけである。

気にもとめずに食事を始めたが、暫くするとふと思い出したように彼女はいった。

「さっき、ここへ来ようと思ってタクシーに乗ったのよ。そしてぼんやりしてたら運転手が『お客さん、来ましたよ』っていう。早いねえ、と思って見たら、青山墓地じゃない。『あんた、ここは青山墓地じゃないか』っていったら、『そうですよ』ってすましてる。『あたしは太子堂っていったじゃないの』って怒ったらさ、運転手も怒って、あたしが青山墓地へ、っていったっていい張るのよ。墓場で喧嘩してってもしようがないから、とにかく太子堂へ行ってくれっていったんだけど、それで遅れたのよ」

私とIさんはびっくりして、

「青山墓地⁉」

と同時にいっていた。私はいくらか馴れているけれど、初心者(?)のIさんは目が据っている。中山さんは、

「あたしはハッキリ太子堂っていったんだよ、墓地なんていうわけないじゃない。ここへ来るつもりなんだからさ……」

とこともなげにいう。Iさんは目を据えたまま、

「すると……それは……どういうことになるの？　運転手の耳には、太子堂が青山墓地に聞えたってこと？」

「それとも中山さんの隣りにもう一人いて……つまりユーレイが坐ってて、それが青山墓地っていったのかしら……」

と私。

Iさん「それとも運転手の目には、中山さんの顔じゃなくて、別の女の顔が見えていた……」

私「中山さんは憑依されていて、自分じゃ太子堂といってるつもりが、実際は青山墓地といわされていたのかも」

Iさん「運転手は気味悪そうにしていたでしょう？」

私「降りる時、どんな顔してた？」

かわるがわるしゃべった。だが彼女は面倒くさそうに、

「知らないよう……運転手の顔なんか見てないよ……タクシー代が高くなった

ことでアタマにきてたもん」

といっただけだった。

中山あい子は、こんなことをいったこともある。

「この間さ、バスに乗っててね、降りようとして降り口に立ってたら、男が来て××町へはどう行けばいいんですか、って訊くのよ。あ、それは次で降りてね、って教えようとしたらバスが止ったので、降りてから説明しようと思ってまず降りたのよ。そしてふり返ったらいないのさ」

降り損なったんじゃないかと思ってバスの方を見たが、降り口にいた筈の男の姿はなかった――。

その時もIさんが一緒だったが、Iさんの目はまたしても据って、中山あい子の顔を凝視する。――どんな顔した男？　若いの？　中年？　いかにもユーレイユーレイしてた？　足はあった？

例によって私とIさんは口々に質問するが、彼女は、

「後ろから声をかけられただけだからね、レインコート着てたことだけしかわかんないよ」

面倒くさそうにいっただけだった。そのバスはなんでも立正佼成会のそばを通るバスだという。××町といえば、あそこには確か墓地があったと思うんだけど、と彼女はいい足したが、私はレインコートに気をとられて、その町の名を聞き洩らしてしまった。そのためここでは××町としか書けないのである。

まことに中山あい子は大人物なのである。女に大人物は少いが、彼女はその稀有《けう》な一人なのだ。彼女にとってはこの世の出来ごとはすべて、驚いたり悲しんだり怒ったり怖がったりするには及ばぬ些末事なのであった。

六本木の交差点で、横断歩道を渡っていた時、真ん中へんで突然、足が前に出なくなった。まるで地面に足が糊づけされたように動かない。そのうち前方に見える信号が青から黄色になった。ぐずぐずしていると赤になる。さすがの中山あい子もあせった（と思う。彼女はそうはいわなかったけれど）。

折よくその時、一人娘のまりさんが一緒だった。まりさんは横断歩道の真ん中で動かなくなったおッ母さんに驚いた。どうしたの、何してるの、と問うたが、

「動かないんだよう、足が……」

というばかり。今に信号は赤になるだろうとまりさんは気が気でなく、わけのわからぬままに叱りつけた。

「なにやってんだよう！　死んじゃうよッ！」

必死で無理やり引っぱって、どうにか渡り終えた時は、横からくる車が迫っていたという。

それは地縛霊にやられたにちがいない、と私は思った。交通量の多い六本木の交差点では、今までに数え切れぬほどの事故が起っているにちがいない。そこで死んだ霊たちが集っていつか霊団となり、中山あい子を引き寄せようとし

た。歩けなくなるほどの強い力は、それが一人の霊ではなく、集団になっているから強いのであろう。

私はそう蘊蓄《うんちく》を傾けたが、彼女はただ、

「いやア、マイったよ、あん時は」

といっただけだった。

ユーレイにも怨みの霊、寂しい霊、無念の霊、執着の霊などいろいろあるように、霊体質にもいろいろあるらしい。私も中山あい子も霊体質だが、私の方は専らいたずらをされる方で、彼女は頼られるタイプのようである。更に考えると私は野次馬根性の穿鑿《せんさく》好きなので、霊の方もあれやこれやと奇抜なことをやって見せては、びっくりして騒ぐのを見て喜んでいるのかもしれない。一方中山あい子の方は何をやってみせても一向に驚かないので、いたずら専門の霊は寄りつかず、自殺や事故で死んでさまよっている孤独な霊が慕い寄ってくるのであろう。

だが慕い寄ったからといって、それを憐れに思って線香の一本も手向《たむ》けるとか、南無妙法蓮華経、あるいは南無阿弥陀仏を唱えるとか、または私のように相手かまわずしゃべり散らして人々にそれを報らせるということもしない。忘れた頃、きっかけもなくふと思い出し、

「あん時はマイったよォ」

の一言では霊も浮かばれまい。

大分前のこと――中山あい子も私もまだ元気イッパイだった頃、私たちは新津市に住む友人のSさんに誘われて佐渡島へ遊びに行った。その頃、旅といえば取材と決っていた私たちにとっては、はじめてといってもいいほどの暢気《のんき》な楽しい旅だった。

佐渡は怖いところですよ、江戸時代、罪人が流されて金山で地獄の金鉱掘りをさせられ、幽鬼のようになって死んでますからねえ、と出発前にいろんな人

から威《おど》されていたが、気にもとめずに出発した。私と中山あい子の共通点は「のどもと過ぎれば熱さを忘れる」という「能力」の持主であることで、清水《せいすい》寺《じ》というこれこそバケモノ寺と呼ぶにふさわしいと思えるほどに荒れ果てた無人の寺に入って行って、腐った床板を踏み抜きそうになったりしながら、

「ここ、いるねえ……」

「ウヨウヨいるね」

と面白半分だった。

その時、案内人のSさんが（この人も霊体質だったのだが）憑依されて、夜通し苦しむというアクシデントはあったが、私たち二人はなにごともなく、何の心配もしなかった。（ついでながら、Sさんの憑依は翌朝、窮余の策で、私がかねてより聞き知っていたお題目の怒号連唱で払えたのが不思議だった）

私たちは元気イッパイ、東京へ帰って来た。帰って来て三日後、旅先での写真が上ってきたので中山あい子を夕食に招いた。彼女が来る時は必ずIさんも

一緒である。清水寺のもの凄さ、Sさんの憑依、それを落した私のお題目の怒号のすごかったことなど、楽しく話し合っているうちに、何となく私は疲れを感じるようになった。身体がだるく、椅子に腰かけているのが辛くなってきた。私たちは仲のいい三人組であるから、朝までしゃべっていても疲れることなどない筈である。やっぱり三泊四日の旅がこたえたのか、などと思いつつ、次第に言葉少なになっていくのが自分でもわかる。

二人が帰ったのは夜半近かった。もう遅かったが私は風呂をたてた。風呂に入ればサッパリするかと思ったのだが、沸くのを待っているうちに億劫になってきて、そのまま寝た。翌朝はどうにも起きられない。昼近くまでうつらうつらしていたが、どうにか起きて牛乳を飲んだ。それ以上は何も入りそうにない。肩が重い。憑依されると肩が重くなる、頼ってくる霊はオンブするように肩に手をかけるからだと聞いたことがあるのを思い出した。

するとやっぱり私は佐渡で憑依を受けていたのだろうか？　Sさんの憑依を

落した時、そやつが私の方へ移ってきたのだろうか？　それにしては旅の間中、元気だったのがふしぎである。

私は美輪明宏さんに電話をかけた。かくかくしかじかと説明する。

「佐渡なんかへ行くからそんなことになるのよ。佐藤さんのような体質の人はうっかりあんなところへ行っちゃダメなのよ」

ひとしきりお説教した後、美輪さんはくすくすと笑いを洩らした。

「女の霊が憑いてるわ、佐藤さん。はじめ中山さんに憑いてたのね。多分、中山さんも霊体質の筈よ。だから憑いたんだけど、彼女、ノホホンとしてるでしょう。いつまで経っても気がついてくれない。そうしたら佐藤さんのところへ来た。ああ、こっちがいい、こっち、こっち、と思って乗り換えたのよ」

「乗り換えた！」

「佐藤さんだったらすぐに気がつくからね」

それで急に気分が悪くなったということなのか！

私はすぐに中山あい子に電話をかけた。逐一話し、

「冗談じゃないわよ、中山さん。あんたがノホホンとしてるおかげで、えらい迷惑よ」

「へえ、ホント？　そんなことってあるのかねえ、アハハハハ」

と、どこまでも彼女はノホホンとしているのだった。


やがて彼女は糖尿や腎臓を病んで入退院をくり返すようになった。死んだら葬式なんかしないよ、献体がいい、といって手つづきをした。

「献体といったら、あれは医科大学の研究用になるんでしょう。順番待ちで解剖されるまでホルマリンの槽に浸《つ》けてあるっていうじゃない」

と私は思わず顔をしかめたが、彼女は平気で、

「そうだろうね、多分」

といった。

「あんた、イヤじゃないの。裸で、水ブクレみたいになって、プカプカ浮いているのよ……」

　彼女はこともなげにいった。

「どうせ死んだらゴミだよ……」

　いや、それは……そうだねえ……と私はいっそ感心した。それが中山あい子の人生観、死生観だった。

　二〇〇〇年の五月一日の夜、風呂で髪を洗いかけている時、まりさんから電話がかかってきたので私は胸さわぎがした。裸のまま走り出ると思った通り、

「母は今朝八時半に亡くなりました」

　とまりさんはいった。

　翌日、私は湯島のマンションへ行った。六畳ばかりの部屋に炬燵《こたつ》があり、その横に中山あい子が仰向けに寝ていた。口を薄く開けたその顔はやつれてはいるが、どこかノホホンとしていた。死化粧もせず、祭壇もなく、棺もなく、顔

に白布もかけてなかった。献体の手つづきがしてあったので、引き取りに来るのを待っているのだった。

中山あい子を前にして、私と何人かの弔問客はとりとめなく話をした。中山あい子の死を悼み悲しむのではなく、極めて日常的な話だった。中山あい子はその話に耳を傾け、その薄く開いた口は私たちの話を面白がっているようだった。誰も泣いたりしなかった。

やがて中山あい子の引き取り人が来た。狭いエレベーターにどうやって入れるのかと心配していたが、あっさり白布でくるんでマネキン人形を抱えるようにして、エレベーターに入った。後について表に出るとワゴン車の後部扉が開いていて、そこにお棺らしい箱があった。彼女はそこに入れられた。

扉が閉って車が動き出した時、まりさんが、

「サヨナラー、バイバイ……」

と手をふった。

旅に出る人を送るような、明るい声だった。みごとだった。さすが中山あい子の娘さんだ、と思った。完璧な最後だった。

あの世で中山あい子はどうしているだろう。始終私はそう思う。ユーレイになって出て来てほしいと思うが、彼女のことだから、もう娑婆《しゃば》のことなんか思い出しもしないのではないか。何の悔いも未練もない人だったから、そのへんをうろうろしたりはしていないだろう。真直に天国へ行って、何もかも忘れて、ノホホンと暮しているのだろう。

やがては私も冥途へ行くが、多分、中山あい子には会えないだろう。私は地獄で七転八倒、向うは天国でノホホン。そういうことになったら口惜しいなあ。

心やさしい人への訓話

幽霊を見たという人は案外少くないが、俗にいう「狐つき」といわれる人に憑く狐の姿を見たという人は極めて少い。

霊能者江原さんの言によると、狐霊とは自然霊の一種である霊体で、決して動物の狐が死んでなったものではない（動物は生殖行為によって増えていくが、狐霊は分裂して増えるということだ）のだが、その姿は動物の犬のようでもあり狐のようでもあり、口が尖って太い尻尾を持っているという。ある時江原さんは狐霊に出会った。ふと見ると部屋の隅にいて一瞬目が合い、まるで仔犬が何か悪戯をしようとして主人の気配にふり返った時と同じような仕草でコソコソと、瞬時に消えたそうだ。

「私の方もびっくりしましたが、向うも驚いたようでした」

ということだった。

自然霊の中には狐霊のほかに狸《り》霊や蛇霊がある。私の友人で少し霊能のあるTさんという男性がある宗教団体に入って、滝修行に出かけた。その人がまだ若い頃の話だが、新入りだったのでその集団の後ろの方から、滝行に入った教祖の姿を見ていると、滝に打たれる白衣の教祖の顔が、なんとだんだん狸になっていく。何しろ十代の頃のことだから、単純素直にびっくり仰天して思わず、

「あッ！　タヌキ！」

と叫んだ。

――いってはいけなかったんでしょうが、若かったですからねえ。つい、大声で叫んでしまったんですよ、とTさんは苦笑した。

「それで？　どうなったんですか？」

「いやもう、散々でしたよ。皆にとっちめられて、謝りましたが、でもはっきり狸だったんですから。いくら怒られてもねえ……」

とTさんは憤懣やる方ないというあんばいだった。霊視霊聴の力があるといわれ、教祖になっている人の中には狸霊や狐霊が憑いていて、それに教えられて力を保っている人がいるという。この教祖の力はおそらく狸霊によるものだ

ったのだろう。Tさんをとっちめた門弟たちの中には、教祖に狸が憑いていることを知らない人もいただろうし、知っている人もいただろう。あるいは暗黙の了解事になっていたかもしれない。そのへんの事情を知りたいものだが、Tさんはそれっきり教団を辞めたので不明のままなのが残念だ。

狸霊も自然霊のひとつで、動物の狸に似てはいるが、別モノである。狐霊、狸霊、蛇霊。それぞれみな、動物として存在している狐や狸や蛇に似ているが、彼らが「化けた」ものではない。だが似ているものだから、山の狐と狸が化けくらべをしたとか、狐は美女に化け、狸は饅頭や馬糞に化けるなどと差別的昔話があるのは狸には気の毒である。

日本心霊科学協会の元理事で、心霊についての造詣が深く、審神者《さにわ》の第一人者といわれる大西弘泰氏から、こんな話を聞いたことがある。

ある日、大西氏の所へ一人の若い女性が訪ねて来た。小学校の先生でリンゴのような赤いホッペタの愛くるしい女性である。座敷に招じ入れて用件を訊こうとした時、彼女はモジモジしはじめ、それからいった。

「すみません……苦しくてたまらないので……ここで今、大声を出してよろしいでしょうか」

事情はよくわからないが、切羽詰《せっぱ》った様子にわけがわからぬままに、「どうぞ」というと、彼女は縁側に立って行って、やおら空に向って、

「オォーウ……オォーウ……」

と叫び出した。まるで犬の遠吠のようである。呆気《あっけ》にとられて見ていると、オーウオーオーと叫んでいる彼女のリンゴのホッペタが次第に色を失い、丸い頬肉が殺《そ》げていく。顔の色は土気色《つちけいろ》というか、狐そっくりの焦げたような色になっていく。やがてひとしきり吠えると、

「失礼しました」

といって彼女はもとの座に戻り、訪ねて来た理由を話した(その時、ホッペタはもとの赤さに戻っていたか、狐色のままだったかは聞き洩らしたが)。

彼女は少しばかり霊能があるために、更にその力を開発しようと考えて、とある霊能者のところへ修行に通っていた。その霊能者は稲荷を祀っていて、そのお告げによって人の悩みごとや相談に答えているのだったが、そこへ通っているうちに、彼女に稲荷の眷族《けんぞく》である下ッ端狐霊が憑依してしまったのである。

憑依とは霊が心の中まで侵入して本来の人格と入れ替ってしまうことだが、この場合、リンゴほっぺの女先生は完全に全人格を乗っ取られたわけではなく、まだ本来の彼女の人格が負けまいとして抵抗している段階だったようである。大西氏を訪ねて憑依を払ってもらおうと考える彼女と、そうはさせまいとする狐霊の力とが拮抗して、彼女は己れに戻ったり、占領されたり、負けたり勝ったりの苦闘の中にいたのだろう。

いっそ全面降伏して城を明け渡してしまえば、完全な「狐つき」となってそれなりに苦しみはなくなるのかもしれないのである。

それだけのことを看て取った大西氏は、心霊科学協会の同志である榎本さんと二人で彼女のために狐霊と闘うことにした。ところがこの狐霊、なかなかにしたたかな狐霊で、二人がかりで攻めても容易に降参しない。

憑依霊を落すには力ずくでなく、道理を述べて説得して離れさせるのが本道である。狐つきを落すために松葉でいぶしたり、叩いたりする方法がとられる場合があるが、本人（本霊）は一旦は逃げ出すことはあっても、頃合を見てまた戻ってくる。説得し納得させて離れさせることが大切なのだ。その役目を果せるのは審神者でも力量のある人でなければならない。

この闘い（説得）は延々七時間に及んだという。何といって説いても相手は聞こうとせず、ついには女先生は狐霊そのものとなって毒づき暴れた。大西氏も榎本氏も食事も出来ず、手洗いにも立てないという有さまになった。油断をすれば忽《たちま》ちやられてしまうのだ。

とうとう二人とも疲労困憊して一時休戦ということになった。その日は女先生もくたくたになって帰って行ったが、翌日、またやって来た。来た時の先生は本来の人格に戻っているので、苦しくてたまらず大西邸へやって来るのだが、いざとなると丸ごと狐霊になってしまう。

「いやはやあんな強い狐霊は初めてでした。気の毒には思いましたがね、我々にはもうどうにも太刀うち出来ませんでした」

表のチャイムがピンポーンと鳴るので、覗き穴から見ると彼女が立っているんです。雨の中、傘をさしてね、心を鬼にしてドアを開けませんでしたがね、今でもその姿が灼きついています、と大西氏は述懐した。

その後、女先生はどうなったのかと訊くと、ご主人が精神病院に入れたと聞きましたが、その後のことはわかりません、ということだった。

精神病院では「狐霊」などというものは信じないから、精神分裂病として治療を行う。強い鎮静剤を与えられると当然、肉体は衰弱する。その上電気ショックをほどこされることもある。強い電流を流されると憑霊している霊は、丁度雷に打たれたようなショックを受け、驚いて飛び離れるのだそうだ。そこで病気は治ったということになって患者は退院する。よかったよかったと喜んでいるうちに、また様子がおかしくなってくる。投薬が中止され、電気ショックもないのをみすまして霊が舞い戻って来るのだという。精神病院を出たり入ったりしている人は、おおむね憑依だと考えてよいだろうということであった。こういう話は当然精神科のお医者さんには認められない。唾棄される。お医者さんばかりでなく、殆どの人が信じないだろうことはわかっているが、しかし私は信じる（信じるから書くのである）。

十年ほど昔のことになるが、北海道に住んでいる私の友人N子さんの伯母さんは、ある町に引越してきて間もなく、あることに気がついた。夜になると隣家で、かん高い女の声が歌を歌うのである。

「はにゅうの宿も
わがァやァど……」

と始まって、

「ちょうちょ　ちょうちょ

菜のはに　とまれ」

になったり、

「はーるのうららの

すみだァがわァ」

に移っていくなど、夜通し歌っている。それらの歌は必ず、明治大正から昭和のはじめの小学唱歌である。

伯母さんは伯父さんにその歌声が聞えるかと訊いたところ、伯父さんは歌？そんなもん聞えん、歌なんか誰も歌っとらん、といった。しかし毎晩、夜通し伯母さんの耳にはかん高い歌声が聞えるのである。そのうち伯母さんは、隣家にいる女性といえばもう長い間病気で寝ついている奥さんがいるだけだということを知った。寝ついている病人があんなにかん高い声で夜通し歌いつづけるわけがない。何だろう、誰が歌っているのだろうと思っているうちに、伯母さんはその歌声が自分の耳の中でしていることに気がついた。そうして伯母さんがそれに気がついた頃から、歌声はますます元気に朗らかに歌うようになったという。

「汽笛いっせい新橋を
はやわが汽車ははなれけり」
に始まって、歌は順番に東海道を下っていき、
「窓より近く品川の
台場も見えて波白く」
になり、そのうち眠ってしまった伯母さんがふと目を覚ますと、
「ここぞ御殿場夏ならば」
と歌は御殿場まで行っている。
これは自分の潜在意識が歌っているのかもしれないと、一応考えてみたが、

しかし伯母さんは鉄道唱歌を三番までしか知らないし、四番から後は聞いたこともなかった。ああ思いこう考えして、疲れて眠りに落ちたが、やがて朝がきて目を覚ますと、耳の中では、

「大阪いでて右左」

と汽車はついに大阪まで行っているのだった。

伯母さんはあちこちの病院を廻ったが、安定剤を出すだけで、お医者さんははっきりしたことをいわない。そんなある日、伯母さんは通りかかったスーパーマーケットでイカを買った。安売りだったので、少し多いと思ったが十パイ買った。

イカの包みを手提袋に入れて店を出ると、突然、耳の中の声が伯母さんの名前を呼んだ。

「S子さん、二人暮しで十パイも買ったりして、多いんじゃありませんか」

それが「歌」から「おしゃべり」に移行したはじまりだった。八百屋の店先

で夏蜜柑を見ていると、

「やめなさい、やめなさい、夏蜜柑なんてすっぱいですよ」

という。

「S子さんの旦那さん、わたし嫌いです。わたし、あの人が死ぬのを待っているんですよ」

といったりする。あの日、病院で薬を貰って来た帰り道で耳の中の声が、

「クッ、ク、ク、ク」

と笑った。

「あのお医者、おかしいですねえ」

といってまた笑う。思わず伯母さんは、

「あんたは誰？」

といってしまった。それまでは耳の中の声が何をいおうと知らん顔をしていたのだが。すると声は、

「薬なんかいくら飲んでも何にもなりませんよ」
といい、それから
「わたしはね、高山稲荷の狐です」
初めて名乗ったのであった。

狐霊の憑依はこのように実にバラエティに富んでいるのである。
高山稲荷の狐霊が伯母さんに憑いたのは、何年か前のある日のことである。伯母さんは山道を歩いていて、ふと荒れ果てた稲荷の社に気がついた。詣でる人もいないらしい見るからにボロボロの社《やしろ》である。通り過ぎようとしたが、ふと気の毒になって立ち止って手を合せた。それだけのことで稲荷の狐霊は伯母さんに憑いたのである（それは後に大西氏と榎本氏の霊査によってわかった）。伯母さんは「心優しい人」であったために難儀を背負ってしまったのだ。「ああ気の毒に」なんて思わなければよかったのだ。この世の暮しの中でも心優しいゆえに、他人の借金を背負い込む羽目になったり、苦しんでいる人を介抱しているうちに、財布を盗まれたりする人がいる。「心優しいこと」は美徳とされているが、無事無難に暮すには、どうやら心を冷たくしておくべきらしい。

高山狐霊は伯母さんにいった。

「S子さんはレイシにならなければならない人なので、これからその勉強をして下さい」

レイシとは何なのか、わからないので、質問すると、

「レイシはレイシです！」

といい切って機嫌が悪くなった（レイシは霊師あるいは霊視と書くのではないかと私は考えたが、ではどういう存在なのかというと、皆目わからない）。

レイシになるための勉強はまず、耳の声がいう言葉を口真似することから始まった。その言葉というのは、

「ズブズブズビズビ　ズーズーブズビズ　ビズブ……」

というもので、

「さあ、やる気を出して早くいいなさい。ズブズブズビズビ……」

狐霊は覚えの悪い伯母さんに苛《い》ら立って金切声になる。

「あんたはアタマが悪い。こんなに悪いとは思わなかった！」

と叱りつけ、

「新聞やテレビを見るのはやめなさい。一所懸命やらないのなら、主人は連れて行きます！」

と威した。「連れて行く」というのはあの世へ連れて行く、つまり殺すことなのである。伯母さんは伯父さんを守るために、仕方なくズブズブズビズビをやらなければならなくなった。当然、家事は怠りがちになり、何も知らない伯父さんは家事がおろそかになった伯母さんを怒り罵《ののし》るばかりなのだった。

N子さんから私が話を聞いたのは、そんな騒ぎの最中だった。私はその話を「耳の中の声」という題で、小説にした。それが「小説新潮」に出た時、耳の中の声はこういったそうだ。

「小説なんかに書かれて、どうする気です！」

私からこの話を聞いた大西師は、「審神者大西、霊媒榎本」の組合せで、まず狐霊を榎本氏に降ろし、降りてきた狐霊に説得を始めた。人に憑いた狐霊を離す大西氏の力量には定評がある。伊勢皇大神宮の外宮に茜稲荷という神社があるが、ここは野狐になり下った狐霊を受け容れて修行させ、更生させる稲荷として有名だという。長年、狐霊と闘ってきた大西氏は、いつかこの茜稲荷さんと「昵懇《じっこん》」（大西氏の言葉）になった。大西氏が祈れば茜さんでは、たいていの不良狐霊を引き受けてくれるということだ。

「あんたね。こんなところでS子さんに憑いてるよりも茜さんへ行った方がよっぽどいいことがあるよ」

と、榎本氏に降りた狐霊に大西氏の説得が始まった。場所は北海道の私の別荘である。野狐になり下った狐霊であるから、それにふさわしいくだけたいい方になっている。そんなところが大西氏が審神者の第一人者といわれるゆえんであろう。

「茜さんへ行けば、信者からのお供えも沢山あるしね。それはほんとにいい所だよ。茜さんのそばには池があって、今頃は蓮の花がきれいだよ」

大西氏がそういうと榎本さんに下りた狐霊は少し黙っていた後で、

「うん」

と頷き、

「嘘じゃないな、蓮の花が咲いてる……」

といった。どうやら狐霊は一瞬伊勢まで飛んで、確認してきたようだった。

「どうです、いい所でしょう。わたしは嘘はいわないよ。お供え物も沢山上ってるでしょう？　向うの方がずっといいよ、伯母さんに憑いてズビズブいってるより……」

「うーん」

と榎本さん（に降りた野狐）は唸《うな》る。

「今、わたしが茜さんにお願いするからね。いいとなればお迎えが来るから、そしたら行きなさい。是非行きなさい」

そうして大西氏が祈ると、やがて榎本さんはびっくりしたように叫んだ。

「ヤ、ヤ、ヤ。なんだァ？　牛が来たぞ！」

傍で見物していた私は驚いた。というのは茜稲荷の境内に菅原道真を祀っている社があり、社の前に等身大の銅《あかがね》の牛が置かれていることを知っていたからだ。「牛が来たぞ」というのはその牛ではないのか？

そう思った時、大西氏がいった。

「ほう、牛が迎えに来ましたか。これは茜さんも鄭重《ていちょう》にあつかって下さってるんだな。あすこには牛がいますからね。これはあなた、乗物までよこして下さったんだから、是非行って下さいよ」

「うん……では行くか……」

といい、暫くして榎本さんは覚醒した。汗を拭き拭き、

「おかしな奴ですね。牛の尻尾にぶら下って行くのが見えましたよ」

という。人間にもいろんなキャラクターがあるように、狐霊にもいろいろあるのだ。これはどこまでもふざけた狐霊だった。彼は伯母さんの耳の中で、

「ご迷惑かけました。ではわたしはこれで行きます。長々お世話になりました」

と挨拶をしたが、それは聞きとれないほどの小さな声だったという。

これで一件落着、と私たちは安心した。私は小説「耳の中の声」の結びの文章をこう書いた。

「(前略)……音もなく雪が降り積っていく夜更、光枝は(S子さんのこと)じっと耳を澄まして、もう何の歌も聞えない、と思う。そう思うと忘れ物をし

たような、ポッカリと胸に穴が開いたような、チャンスを逃した時のような呆然とした気持になった。これはいったい何やろう？　と光枝は思った。なんでこんなに気が抜けてるのやろう？

光枝はあの声を待っているのかもしれなかった」

何の知識も予見もなく、私はそう書いたのだったが、それから数か月するとまた伯母さんの耳の底の方で、遠慮っぽく囁くような声が、ひそひそと何やらいう気配が始まり、ある日、高い声がハッキリと、

「おはようございます。いいお天気ですねえ」

と始まった。

彼は茜さんから戻って来たのである。茜稲荷での修行が辛いものだったのか。蓮の花やお供えものよりも、やっぱり伯母さんの方が好きなのか？

病院の電気ショックに仰天して逃げ出した霊が、治療をやめると戻ってくるように、離しても離しても戻ってくる霊がいる。霊が憑くのは、憑いた人と波

長が合うためだそうだから、離れている間に自分の波長を高めることが必要だということである。

いみじくも私は書いた。

「光枝はあの声を待っているのかもしれなかった」と。

伯母さんはいつか、耳の中の声とすっかり馴染んでしまって、何も聞えなくなった日々を物足りなく、寂しく思っていた。いや懐かしくあわれに思っていたかもしれない。そう思っているその波長が茜稲荷にいる狐霊に通じたのであろう。


この話は心優しい人への訓話である。

生きるもたいへん　死んでもたいへん

今でこそしたり顔に幽霊の話、狐霊の話、心霊の知識らしいものをひけらかしているが、ある年までは全く霊世界とは縁なく関心もなく過してきた私である。

そのある年というのは今からもう三十年も前、私が五十歳の年のことで、その年私はふと思いついて、何のつながりもない北海道の浦河町字東栄という小さな集落の、人里離れた丘の上に家を建ててしまった。そのいきさつについては今までに何度も書いているので、読者の中にはもう知ってるよ、また始めるのか、もういい、などと思う方もおられるだろう。しかし初めての読者のためにあえてくり返すのは、この家が私が心霊界に引き寄せられる契機になったからである。この家で私は生れて初めての体験——それまでは〝よそごと〟として片づけていたことが、もしかしたら本当にあることかもしれない、と思えるような現象に襲われ、それ以後人生観が変ってしまった。神の存在を信じ、死後の世界があることを確信し、この世は仮の世、この世に生きるということは、あの世から修行をしに来ているのであって、従って死ぬということは本来いるべき場所に戻ることである——わかり易くいうと、そういうことを実感するようになった。それまで死んだら無になると思っていた私が百八十度変転したのである。

変転前は、今から思うと気らくなものだった。小説の取材で青森県へ行き、大鰐《おおわに》温泉に泊った時のことだ。その旅館では一番よい部屋ということになっているらしい、やたらに広くて一面にぶ厚いカーペットが敷きつめてある部屋の、床の間寄りにポツンと（部屋が広いのでいかにも寂しくポツンという感じ）布団が敷いてあった。忘れもしないその取材は、「小説宝石」に書く小説のためで、従って別室には白石さんという当時の担当編集者が泊っていた。

食事を終えて十時頃、白石さんが自分の部屋へ引き上げて行った後、一人になるとなんだか俄《にわ》かに怖さが押し寄せてきた。人が怖くなる時というのは、不気味な人影が見えたとか、怪しい物音や呻き声が聞えたとか、あるいはあらかじめ怖い話を聞かされていたとか、何らかの現象があって怖さが引き出されてくるものであろう。ところが、どう考えても何がこんなに怖いのかがわからない。部屋の広さに伴って天井の電燈は煌々《こうこう》と輝いている。襖も壁もしみひとつなく、敷きつめたカーペットはつややかな緑色だ。

何が怖いのだ、怖いものなど何にもないではないか、と何度も自分にいいきかせて布団に入った。電気を消さなければ明るくて眠れないが、怖くて消せない。布団の中、仰向けになったまま、寝返りもうてない。恐怖の縄でがんじがらめになったという有さまだった。私の右手は床の間である。床の間にはありふれた山水の掛軸が懸っていたように思うが、それを確かめるために目を開くことが出来ない。

どれくらい仰向きのまま固まっていたのか、そのうち背中がこわばって身体の向きを変えなければどうにもならなくなってきた。だが動くことが出来ない。金縛りで動けないのではなく、怖くて動けないのだ。早く眠りに落ちてしまおうと思うが、煌々たる大電気の光が瞼を刺して眠りを妨げる。やっとの思いで布団を引き上げて中へもぐり込んだ。これで眠れるかと思いきや、今度は息苦しくなってきた。寒い頃のことで、やたらに毛布や布団がぶ厚いのである。布団から顔を出したいが、これが怖い。何が怖いといって原因が何もないのにわけわからずに恐怖に動けなくなることぐらい怖いことはないのである。

一睡もせぬままに夜が明けた。悪夢のような一夜だった。朝がくれば何もかも消えている。あの怖さをもう一度思い出そうとしても思い出せない。お早うございます、と白石さんが寝足りた顔で朗らかに現れた。

「ゆうべ、何だかしらないけど怖くてねえ。怖くて怖くて、ぜんぜん眠れなかったの」

白石さんにそういったが、白石さんは、

「そりゃあいけませんでしたねえ」

といっただけである。考えてみれば何が怖かったのかの説明がなくて、ただ

「怖かった」だけではいくらくり返されても返事のしようがないだろう。

こういう話のあとでは必ず、「後で聞いたところによると、その部屋では……」という話がくっつくものだが、この場合は何もくっつかない。

怖かった——。

ただそれだけである。

今にして思うと、それが私の心霊体験の前哨だったのだろう。おそらくその部屋には「なにか」がいたのだ。その「なにか」は存在を知らせたくて私の布団のまわりを廻ったり、佇んでじっと見下ろしたりして気がつくのを待っていたのだろう。あの恐怖感の重たさから考えると、それは一体ではなく何体もの霊だったにちがいない。柳の木の下にすーっと現れて、すーっと消えるといった淡白な霊ではなく、長い年月の間に増幅した怨念に固まった霊団だったのかもしれない。

だが霊魂の存在など全く信じなかった当時の私は、その怖さを「神経症」の一例と考えただけだった。

その頃はまたこういうこともあった。講演先の仙台のホテルに一泊した時のことだ。ベッドに入ってうつらうつらしていたら、隣りの部屋の洗面所で水を流す音が聞える。どうやら洗濯をしているらしく、ジャージャーと水を流す音がした後、ぱったりやみ、それからジャブジャブと何かを揉み洗いしている気配がある。揉み洗いが終ると、ジャージャーが始まる。こんな夜更に下着かハンカチでも洗っているのか、と思いながら眠りに落ちた。

どれくらい眠ったのか、気がつくとまたしてもジャージャーが始まっていて、揉み洗いの気配がして、またジャージャーになっている。隣室の人は急病人なのかもしれない、熱があるのでタオルを絞っては取り替えているのかも、と思いつつまた眠った。眠ってはジャージャーに起され、うつらうつらしながらジャージャーを聞くというくり返しになった。しまいにこれは急病人ではなく、ノイローゼの人にちがいない、と考えた。強迫神経症の中の不潔ノイローゼというのか、何度手を洗っても洗ってもまだ汚れていると思い込んで、一日の殆どを手を洗うことに費していするという人の話を聞いたことがある。きっとそういうノイローゼの人なのだ。

私はそう思い決め、その後もノイローゼの話題が出た時など、いつもこのホテルでのジャージャーの話をしては、

「不潔ノイローゼというのは本人もたいへんでしょうけど、まったくハタ迷惑な病気ですよ」

などといっていた。

だが大分後になってからだが、ある日、私はふと気がついたのだ。

——いったい、鉄筋のホテルで隣室の水音があんなにハッキリ聞えるものだろうか?

それから思った。

——あの水の音は隣室ではなく、私の部屋の洗面所でしていたのではなかっ

たか？

　霊が姿を見せたり物音を立てたりするのは、自分は成仏出来ずにいるということを知ってもらいたくて現象を起すのだという。だとすると、その洗濯幽霊は私にそれを知らせようとして一所懸命にジャージャーと水音を立てていたのであろう。もしかしたら、洗っているものは血にまみれた衣類だったのかもしれない。彼（あるいは彼女）は何らかの形でこの部屋で死んだ。その無念の思い、あるいは恨み、心残りの想念が凝って、それが解けないうちはあの世へ行けない。それで一所懸命に洗濯の音を立てて供養してもらおうとしているのに、誰も気がついてくれない。人は霊体質の人とそうでない人に二分されているから、霊体質でない人がその部屋に泊った時は、いくら現象を起しても何も感じないから無駄である。今日こそは、今日こそは、と期待の日々を送った月日はいったい何年になるのだろう。

そこへある日、やっと一人の女がやって来た。この私である。眼光炯々《けいけい》として気が強く、小さなことによく気がつきそうに見えたのだろう。この人ならば、と期待に胸をふくらませて、ジャージャーを始めた。やがて女つまり私は気がついた。気がついたが、隣りの部屋の水音だと思っている。そうじゃない、この部屋なのだ、ここ、ここ、と躍起になってジャージャー、ジャブジャブをつづけるが、今度は不潔ノイローゼの客が隣りにいる、と思って、

「チェッ、うるさいなァ、いい加減にしてよ」

独り言をいって、プリプリしながら眠ってしまった……。

さぞかし洗濯幽霊はがっかりしたことだろう。あれからゆうに三十年以上は経っている。彼はどうしただろう。いまだに気づいてくれる人もなく、くる年くる夜倦《う》まずたゆまずジャージャー、ジャブジャブと音を立てているのだろうか。それとも心ある人が気がついて、成仏させるべく何らかの手を打ってくれただろうか？

そんな浮遊霊、地縛霊はあちこちにいるのである。だがこの当時の私のように何も知らない人が大半だから、彼らは救われようがなく、何年も何十年もうろうろと浮遊して、気がついて浄化させてくれる人を待っているのだ。思えば気の毒な幽霊たちなのである。気の毒だと思うべきなのに、我々は怖れ忌み追っ払おうとする。

ひと頃の私はまさしくそうだった。ある時期から私は旅に出るとホテルの部屋で夜通し部屋が割れそうなラップ音に襲われたり、照明やテレビの明滅に悩まされることが多くなった。そんな時は、部屋に塩を撒いて、「南無妙法蓮華経」を唱えなさい、と美輪明宏さんに教えられた。塩を撒く時は、土俵入りの力士のように勢《いきおい》をつけて撒くこと、「南無妙法蓮華経」と唱える時は、まず下腹に力を籠めて怒号すること、それが大切で、つまりその勢で敵のエネルギーを壊すのである。それから今度は慈悲の気持をもって静かに「南無妙法蓮華経、南無妙法蓮華経」と唱える。それによって霊は鎮まります——。

そう教えられた通りに、私は行く先々で実行した。その部屋に幽霊がいるのかいないのかわからないうちから、

「南無妙法蓮華経ッ！」

叫んで、力まかせに塩を撒いた（私が帰った後、掃除の人はたいへんだったろうなあ）。

ラップ音は夜、あたりが寝鎮まった頃から始まることが多い。だからベッドの傍のテーブルに、用意の塩が盛り上げてある。武士が轡《クツワ》の音に目を覚ますが如く、ピッとかゴトンとかかすかな音にもパッと目が覚め、次の瞬間、既に私の手は塩を摑んでいて、

「南無妙法蓮華経！」

大音声と共に、「ゴトン！」の方向目がけて、力いっぱい投げつけているのだった。翌朝、起きたら部屋の隅の冷蔵庫が塩だらけになっていたこともある。昨夜の「ゴトン」は冷蔵庫内に付いた霜が融けて落ちる音だったのだ。

あれは高知市のホテルでのことだ。ベッドで眠っていた私はふとある気配に眼を覚ました。頭の後ろの壁の中ですすり泣きがするのだ。女の泣き声だ。その声は次第に高くなっていく。とっさに私の手はサイドテーブルに伸びて用意の塩を掴むや、

「南無妙法蓮華経！　南無妙法蓮華経！」

あたり憚《はばか》らぬ大声で喚《わめ》き、泣き声が聞えてくる頭の後ろの壁に向って塩を投げつけた。と、てきめんに泣き声はやんだ。

だが、暫くするとまた、

「アァー……アー」

と歎くようなか細い声が上り、それから綿々とシクシクがつづく。忽ち私は塩を掴み、

「南無妙法蓮華経ッ！」

と叫べば、声はパッタリやむ。

ざまァ見ろ、と心に罵って眠りにつこうとすると、またもやアァー、シクシクだ。

塩、パッ！

「南無妙法蓮華経ッ！」

大絶叫ともいうべき声だった。ラップ音には馴れているが、恨めしげな泣き声は初めてだ。怖いのと憤りのために、その声はいやが上にも高く大きくなるのである。

何度、それをやっただろう。そのうち、シクシク、アーアーに伴って、男の声が苦しげに呻いているのに気がついた。

さては心中した男女の霊がこの頭の上の壁にとり憑いているのにちがいない。もう眠るどころではない。ベッドの上にアグラをかいて、片手に塩をわし掴み。壁を睨《にら》んで泣き声がくるのを待ちうけている。

やがて、シクシクが始まった。男の声が呻いている。

「南無妙……」

と絶叫しかけて、塩を握ってふり上げた私の手は止った。

呻きはやんで、男の声がなにやらしゃべったのだ。

なに？　何といった？

耳をすまして聞こうとして、あっと気がついた。その声は壁から聞えてきているのではない。隣室から聞えているのだ。壁を隔ててこっちのベッドと向うのベッドはつき合せになっているらしい。そしてそこにはニンゲンのアベックが……。

いやはや、いやはや。

私もマイったが、向うもさぞかし往生したことだろう。愛のイトナミが高潮してくると、頭の向うから「南無妙法蓮華経」が響いてくるのだから、驚いて急停止する。もう大丈夫らしいと始めると、また「南無妙法蓮華経！」だ。やめる。始める。南無妙法蓮華経！　やめる。始める。

こっちもしつこいが向うもしつこい。

「いやな奴。隣りの客」

「ヘンタイだね」

と二人はいい合っていたことだろう。

事情がわかった私はその後は安らかに眠ったが、向うさんはどうしたことやら。翌朝、食堂へ行こうとして部屋を出たら、丁度隣りの男女が部屋を出てドアに鍵をかけているところだった。互いに見合わす顔と顔。

次の瞬間、女の方がさもニクニクしげに顎《あご》をしゃくって、プイと横を向いたのだった。ムリもない。

思うにつけても慙愧《ざんき》に耐えないのである。

——霊を怖れる必要は全くない。

ラップ音がうるさくても気にしない方がいい。

——払おうとしたり、闘って屈服させようとしても無駄である。

漸《ようや》く私はそういう心境に到達した。

人はなぜ幽霊を怖れるかというと、それは日常生活の中で見馴れぬもの、というより、存在しないものだと思い決めているからであろう。いないと思っているやつが、前ぶれもなくぼーっと立っているものだから、びっくり仰天して逃げたくなるのだ。霊能者は霊の姿を見馴れているものだから、少しも驚かない。従って怖くもない。ラップ音は未浄化霊がその存在を知ってもらおうとして立てる物音だということがわかれば、（うるさくて困るけれども）怖いとは思わなくなるのである。

向うさん（霊魂の方）にしてみれば、威嚇するつもりも怖がらせてやろうとも思っていない。

——浄化出来ないのでここにいるんです。

と訴えているだけなのに、勝手に仰天して腰を抜かしたり、興奮して塩を撒いたりされたのでは、ただただ哀しいばかりであろう。

彼らは好んでうろうろしているわけではない。行くべき所、つまり冥途へ行かずにこの現界をうろうろしているにはそれなりのわけがある。例えば幼な児を残して死ななければならなかった母親は、子供への気がかりのために冥途への旅に出られない。またひそかに蓄えていたヘソクリのことが気になって成仏出来ないというようなこともあったという。この世への未練、執着、野心、欲望、心配、気がかりなど、何らかの情念、意識に縛られていると魂はこの世に残る。

――あの、ヘソクリ、誰が見つけるだろう。ヨメが見つけたとしたらきっと誰にもいわずにこっそり独り占めするだろう、チクショウめ！

という、ただそれだけの思いのために行く所へ行けず、浮遊する場合があるという。

――ヘソクリのこと、誰にもいわなかったけれど、誰でもいい、『有難いねえ、おばあちゃんが何かの時に使うようにと、残しておいてくれたんだねえ……』と喜んで、大事に使ってくれればそれでいい……。

そう思うことの出来る人は、何にも縛られず捉われず、素直にあの世へ行ける。

たかがヘソクリで？　と思われるかもしれないが、その「たかが」と思うような些事に縛られる魂はそもそもが低い波動の魂なのである。

――魂の波動を高めること。

それが三十年かかって漸く私にわかったことである。

人殺しや強盗や裏切りや人を陥れることや法に触れるようなことをしなければ波動が高い、とは一概にいい切れない。地位が高くても波動の低い人はいる。貧しく一生うだつが上らなくても波動の高い人がいる。だがこの現界の現実生活の中では、みな生きることに一所懸命で、波動の高低など、わかろうとしない。わからない。大事なことは死んでからわかるのである。

「あすこにいつも立ってるんだって……幽霊が」

「キャッ、コワイィ……」

と今は面白半分怖がって騒いでいるが、その当人だって死んだ後、

「キャーッ！　デ、デ、出たァ……」

と怖がられる存在にならないとも限らないのである。

生きることはむつかしいと思っている人は多い。だが、死んでからもむつかしいのである。

珍友

何年くらい前になるだろう。ある初夏のこと、私は心を許し合った友達三人を誘って、伊豆長岡の温泉旅館へ二泊三日の小旅行に出た。一行の中には中山あい子もいて、その時彼女は糖尿病で弱っていたのだったが、私が強引に誘い出したのである。

旅館にはあらかじめ、糖尿病の中山さんのために献立を加減するように頼んであった。しかし日本旅館というところは不思議なところで、どこの旅館でもこれでもか、これでもか、というように皿数を出す。中山さんの前にも（あれほどいっておいたのに）何やらいっぱい皿が並んだ。

「なんでこんなに出すんだよゥ」

といいながら中山さんは、あっちに箸《はし》をつけこっちに箸をつけ、

「大丈夫？　中山さん」

みんなが心配しても、

「さあネ」

といいながら食べつづけた。

そして翌日、中山さんは気持が悪いといって寝込んでしまった。

「やっぱり食べ過ぎよ」

と我々はいったが中山さんは唯うーんうーんと呻るばかり。そのうち寒い寒いといい出した。仲居さんに頼んで掛布団をかけてもらったが、それでも寒い寒いと縮んでいる。

五月のことで私たちは半袖のブラウスで丁度いいという陽気だった。糖尿病という病気は食べ過ぎで寒気がくるものだろうかどうか、我々には知識がない。多分風邪をひいたのだろうということにした。そのうち中山さんは眠った。

中山さんが眠ってしまったので、その間に町を散歩しようということになり、我々は外出の支度をした。私は浴衣をパンツとブラウスに着換え、ハンドバッグを備えつけの金庫にしまい込んだ。

私は荷物を持つのが嫌いなたちで、散歩の時までハンドバッグなど持ちたくないのである。しかし何かの入用《いりよう》があった時のことを考えて、小銭入れに五百円玉や百円玉を何箇か入れてパンツのポケットに入れた。だが歩くとどうも重くて邪魔っけである。そこで小銭入れを同行のSさんのハンドバッグに入れてもらうことにした。それから気がついて、一旦首にかけたネックレスを外して、小銭入れの中の小さなポケットに入れた。そのネックレスは小さいながらもダイヤが輪になっていて、私としては高価なものだったのである。なにもこんな田舎町を歩くのにダイヤのネックレスなんかすることはないという気持だったのだ。

散歩をしながら私たちは土産物屋をひやかした。長岡名物の饅頭を売っている店に立ち寄って、孫への土産を買った。Sさんにハンドバッグから小銭入れを出してもらって金を支払い、またSさんに戻したのである。

——いったい何のために、こんなどうでもいいようなことをくだくだしく書くのかと読者は思われるだろう。だがくだくだしく書くのはその必要があるからで、即ち、小銭入れに入れてSさんに預けた筈のネックレスが、その後煙のごとくに消え失せたのであった。

それに気がついたのは翌日、帰途につこうとした時だった。散歩から帰った時に私はSさんから小銭入れを受け取り、金庫から取り出したハンドバッグに戻しておいた。小銭入れはなくなっていない。確かにある。五百円玉、百円玉もある。饅頭を買った釣り銭も入っている。ただネックレスだけがないのだった。

皆で部屋中を捜し廻った。小銭入れに入れたと思ったのは錯覚ではないか、部屋に置き忘れて出たのでは、ということになったのだ。部屋は二間つづきである。捜すといっても範囲はしれている。しまいには四人とも意地になって、床の間の置物から花瓶、茶盆から電燈の笠の中まで調べた。トイレの中も洗面台も隈なく捜したがない。

小銭入れを預かったSさんは責任を感じてハンドバッグをひっくり返しては

振ったり、私は小銭入れの小銭をぶちまけたり、饅頭を買った店へ電話をしてネックレスは落ちていなかったかと訊《たず》ねたりした。もうこれ以上は捜しようがない。私は諦めて帰ることにした。いい忘れたが夜通し呻っていた中山さんは、朝にはケロッと治ってネックレス捜しに協力してくれた。

帰ることになった我々は部屋の玄関で靴を履いたり手荷物を点検したりしていたのだが、その時、玄関の左手にある便所の日本風の杉の引き戸が突然カラカラと軽やかな音を立てて開き、カラカラと閉ったのだった。

「今、戸が……」

とIさんがいった。

「開いて……閉ったわね？」

我が目を疑うという顔つき。

「見たわ」

とSさん。

「開いて閉った……」

私は見はしなかったが、その音は聞いた。中山さんは早くも靴を履いて外に出かけていたので見もしないし聞こえもしない。

「おかしいよ、この部屋」

といっていつもの彼女らしく「アハハ」と笑ったのだった。


それから半年ばかり経った。ネックレスのことなどすっかり忘れていたある日、私は郵便局へ行こうとして引き出しから小銭入れをとり出した。例の小銭入れである。近所へ買物に出たりする時、私はいつもこの小銭入れを持って出かけるのだが、その際必ず中身を改めて、小銭を追加する。

その日もいつものように小銭入れを開けて中を見た。と、なんたること！中にはあの消えたネックレスがまるで湧き出たように、ザラリと入っているではないか！

とり出して点検した。何も変化はない。まさしくあのネックレスである。なぜ半年前に旅先でなくなったネックレスが今ここにあるのか？　それを考える暇もなく私は興奮に慄える指で中山さんの電話番号をプッシュした。

「あったよ！　ネックレス！」

いきなり叫んだ。半年も前のことだ。当然中山さんは忘れている。

「ほら、長岡でなくなったネックレスが、出てきたのよォ！」

「出てきたァ？　どこから？」

「小銭入れの中に入ってたのよォ！」

それは昨日も八百屋へ行く時に持って出た。その二日間も、その前日も持って出た。その都度中を検《あらた》めた。だが何もなかった……という説明を私は中山さん、Sさん、Iさんと順番に電話でしゃべった。三人ともに、それはいったい何なのというばかり。何なのといわれても私にもわからない。

それまでに私は狐霊のいたずららしいことを何度か受けている。ファクシミリの受信音がやたらに鳴って、行ってみると受信紙は出ていないことが日に何度となくくり返され、無言電話が日に四、五十回も鳴って、それが数か月つづいたこともある。始めのうちは人間の仕わざと思い込んでＮＴＴに相談して、「おことわり電話」というシステムにしてもらってからも、平気で鳴りつづけた。ＮＴＴはそんなことはあり得ませんというが、あり得ないことが起っているのだ。どうやら人間以外のものの仕わざらしいと思わないわけにはいかなかったのである。

だから、ネックレスが消えた時、これは奴め——多分狐霊の仕わざではないかと思っていたのだ。

旅館のあの部屋から帰る時、玄関脇のトイレの引き戸がカラカラと開いてカラカラと閉ったのも、同じ奴の仕わざだろう。中山さんが寒い寒いと慄えたのも（そして翌朝にはウソのように元気が戻ったのも）もしかしたらそやつの仕わざではなかったのか？

霊能者の江原啓之さんに会った時、その件を話してみた。すると江原さんは開口一番、

「その旅館の近くに川がありませんでしたか？」

といった。私は見ていないが、近くに大きな川があると聞いたのを思い出した。

「中山あい子さんは川で溺れ死んだ女の霊に憑かれましたね。だから寒かったのです。でももう取れてますから心配いりません」

と江原さんはいった。

だとすると、あのトイレの戸がカラカラと開閉したのも、ネックレスが消えたのも溺死女の仕わざなのか？

「いや、そっちの方はちがいますね」

江原さんはいった。

「そっちは狐霊ですね。狐霊って奴はいたずらが大好きですから」

「ではあの旅館に狐霊がいたというわけですか?」

溺死女の幽霊はいるし狐霊はいるし、宿賃ばかり高くとって、ろくな旅館じゃないと思う。だが江原さんはこういった。

「必ずしもそこにいたというわけではないでしょうね、霊体は一瞬で移動しますから」

中山あい子にこの私、それから動物病院の副院長であるSさん、共に強い霊体質である。四人の一行のうち三人までが霊体質であるから、霊を引き寄せるオーラは強力なものだったのだろう。そのオーラが溺死女の霊を川から呼び寄せた。女幽霊が来てみれば、ばあさん二人と中年おばさん二人がいる。ど・れ・に・し・よ・う・かな、と指で数えたかどうかは知らないが、たまたま糖尿病で体力が弱っていた中山さんに憑き易かったのだろう。

溺死女が中山さんを選んだので、狐霊は残った私とSさんのうち、私を選ぶことにしたのだろうか? それとも今まで無言電話やら不意の停電やらファクシミリの異常などで私を困らせているきゃつが長岡までついて来たのであろうか？　私の肩に止って一緒に電車に揺られて来たのか？　いや、江原さんは霊体は一瞬で移動するといったから、私が長岡にいると見るや、パーッと飛んで来て早速ネックレスを隠したのか？

私は講演や取材で旅に出ることが多い。だがそんな時に物がなくなるという異変が起きたことは一度もなかった。仕事の時は遠慮しているが、今回はアソビだからからかってやれ、という気になったのだろうか？　次々に疑問が湧く。

江原さんは、

「さあ……」

と首をかしげてから、急におかしそうな顔になって、

「普通の人なら不気味がるところですがねぇ」

といったのだった。私が不気味がらずに探偵気分になるのがおかしかったのだろう。

私にはこんなオボエがある。

あれはまだ小学校へ上る前のことだ。我が家の四人の兄たちのうち、一番下の久という不良兄貴の靴が玄関に脱いであったのを、チーちゃんという友達と二人でこっそり石炭置場に隠したことがある。兄がないないと騒ぐので家中の者が捜し廻った。いくら捜しても見つからないので、どうせ久のことだ、質屋にでも持って行ったんだろう、と兄は疑われたりしている。

「アイちゃん、知らないか？　兄ちゃんの靴——」

と訊かれたが、

「知らん——」

と無邪気に首を横にふった。四つ年上の姉はおちゃっぴいで活動家だったが、私はいつも家の中でおとなしく同じ絵本をくり返し読み、その全部を暗誦しては「利発な子供」と思われていたのだ。

「知らん――」

といえば誰もがそれ以上疑わなかったのである。あまりに皆が信じているので、さすがに気が咎《とが》めた。チーちゃんも帰ってしまったし、夕方になってこっそり靴を戻しておいた。やがて、

「おい！　あったよ！　あったよ！」

と兄がびっくりして叫んでいる声が聞え、

「おかしいねえ、さっきまでなかったのに、気味が悪いねえ」

と皆が不思議がっている。私は知らん顔をして絵本を開いていた。その後のことは知らないが、もしかしたら私の姉が疑われたのかもしれない。

この狐霊も、私たち四人が必死で捜索しているのを何くわぬ顔で見物していたのか、それとも、

「ク、クク、ク」

と笑いを噛み殺していたか。人間にもお人好しやいたずら好きや意地悪や執

念深いのがいるように、狐霊にもいろんなのがいるのかもしれない。朝といわず夜といわず電話を鳴らし、受話器を取らないで数えていると七十回以上も鳴らしたり、インコの飲み水を空っぽにして、インコを渇死させようとしたあの執念深い狐霊と今回の狐霊は別狐のような気がする。こやつはただいたずらを楽しむ、いうならばこの私のような狐霊なのかもしれない。後になって気が咎めて、こっそり返したところなど。

珍友

この夏のことである。

八月一日、私は例年のように北海道浦河の別荘へ行った。

この別荘は私が書き散らした雑文の数々によって、幽霊屋敷、あるいは怪奇の館、あるいは怨霊の家といわれて、遍《あまね》く（といっても私の読者間だけのことだが）知られている家である。夏が近づくと人はみないう。

「今年もいらっしゃるんですか、北海道へ」

「はい、行きます」

答えると必ずこういわれる。

「もう大丈夫なんですか？　あの……現象の方は？」

大丈夫であってもなくても、私は行くのである。面倒くさいので、

「ハイ、大丈夫です、鎮まりました」

といっておくが、本当をいうとかつて二十年にわたって私を悩ませたアイヌの怨霊は漸く鎮まったが、私が霊体質であることと、その山の上がどうやら霊魂の「通過地点」あるいは「寄り合い場所」ともいうべき土地であるために、いろいろな霊がやって来るのを止めるわけにはいかないのだ。従ってやって来る霊によっては異変は起る。起らない年もあるし、起る年もある。多くは物がなくなることで、やたらに鋏の好きなやつが来ている時は、買っても買っても消えてしまうことがある。帰りの航空券をうっかりテーブルの上に載せておいたためにやられたこともあるし、小銭入れを消された泊り客もいる。

この二、三年は何ごともなかったが、今年は久しぶりでいろいろあった。まず到着した日に、東京から持って行った段ボールが一箇、着いて二、三時間の間になくなっていた。それから敷布団が一枚、昼寝布団と共に消えていた。

神さまは人間に「忘れる」ということと「馴れる」という有難い能力を与えて下さっている。私がなぜ平気でそんな異常の中にいるかというと、即ち「馴れっこになった」からなのだ。

「ええ？　布団がない？　またァ……しようがないねえ……」

ですんでしまう。ない、ない、ない、と騒いであっちを捜しこっちを捜し、あたふたしたりはしない。こういういたずらをするのは狐霊に決っている。うろうろと捜したり、怖れたりするのを奴らは面白がっているのだと思うと口惜しいからわざと何でもない顔をして、あからさまに捜し廻ったりはしない。さりげなく、目玉だけ動かしてあちらこちらを見、物をとり出す格好で押入れを開け、それとなく布団の有無を確かめる。物がなくなっていることには全く頓着していないという風を装っている。

「テキを愉快がらせるのはシャクですからね」

そう江原さんにいうと江原さんは笑ってこういった。

「そんなことをしても無駄ですよ、向うは心の中を読んでいるんですから」

それにしても布団のような大きなものをどうやって、いつ、どこへ持って行くのだろう。フワフワと布団が空中を運ばれて行くのではなく、おそらく一瞬、その場から消えるのであろう。消えるところを一度でいい、見たいと思う。だがテキもさるもの、絶対見せまいと頑張って油断を見すましてサッとやるのが何とも口惜しいのである。

そんなある日のことだ。昼食を運ぼうとしたら孫がダイニングテーブルに夏休みの宿題を広げている。それをテーブルの端っこに移動させて空いた場所で食事をした。

食事を終って片づけた後、孫が宿題のつづきをしようとしたら、それがなくなっている。宿題帳と国語辞典と鉛筆一本と消しゴムである。この家には私と娘と孫しかいない。三人で捜し廻った。今はもう、さりげない顔で目玉だけ動かしたりしてはいられない。学校の二学期が始まったら宿題を提出しなければならない。その時に先生に何というか。まさか狐霊の奴に隠されましたとはいえない。泥棒にやられたことにするか？　けど泥棒がなぜ宿題帳を盗んで行くの？　と孫はいう。それもそうだと考えに考えた末、北海道から帰る時に飛行場の待合室で鞄を置引きにやられた、ということを思いついた。その鞄の中に宿題帳が入っていた——。

「それしかないかしらねえ」

と娘は途方に暮れているが、孫は、

「うん、それがいい、それにしよう」

と元気づいた。おかげで宿題をせずにすむと喜んでいるのであった。

その午後、娘と孫は買物に町へ出かけた。私は書斎で原稿を書いていたが、疲れを覚えてお茶でも飲もうと居間へ行った。居間は比較的広く、食事のためのテーブルから少し離れたところに、数脚のソファと低いテーブルがある。何げなくその傍を通り過ぎようとして気がついた。問題の宿題帳と辞典、その上に鉛筆一本、消しゴム。なくなったものがすべてテーブルの上にきちんと置かれている。

その時、自分の顔にどういう表情が現れたかわからない。驚きつつほっとしたような、口惜しいような、嬉しいような、「やったな！　この野郎！」と背中を叩きたいような……そんな思いがごたまぜにやって来て、そうしてやがて、妙におかしくなってきた。思わずニタニタ笑いが洩れてつい私は、

「おみごと！」

といったのであった。

それにつけても思い出されるのはあのネックレス狐霊である。きゃつとこやつは同一狐霊なのだろうか？　だとしたら私について長岡へ行ったり北海道へ

行ったり、ずいぶんマメなやつだ。それともこいつは寂しがりやで、遊んでくれる相手を捜しているのだが、どこへ行っても怖がられたり払われたりするばかり。ところがこの私は怖がりもせずうるさがりもせず、好奇心いっぱいでしかも負けん気が強いものだから、相応に対抗しようとしているのが面白く、きやつにとっては私は唯一の遊び相手、気心知れたお友達感覚なのかもしれない。

そんなふうに考えると別に不気味がることも怖がることもないのである。毛色の変ったお友達が一匹くらいいてもいいのではないか。今はそう思っている。

地獄は……ある。

ふとテレビをつけたら瀬戸内寂聴さんの天台寺での法話の場面が映っていて、広い境内にぎっしり詰っている大勢の信者の中から一人の中年女性が相談をもちかけているところだった。夫に死に別れた後、どうしても夫への追慕の情を断つことが出来ずに、ああしてあげればよかった、こうしてやればよかったと思い暮して心が晴れない、どうしたらよろしいかという内容だった。

これは厄介な相談だなあと思いつつ見ていると、瀬戸内さんはいつもの高い明るい声でこんなふうに力づけている。

「大丈夫ですよ。ご主人は今、あなたのそばであなたを見守っていらっしゃいますよ。何も心配いりません……」

相談者はそれで納得したのだろう。大きく何度も頷いて座につく。

――なるほどねえ……。

と私は感心した。この場合、私が瀬戸内さんだったら何と答えようか？　と考えた。すぐには答が出てこない。

「まあ、その、ナンですよ。日にち薬という言葉が昔からありますけれどね……日が経てば自然に消えていきます……」とか、

「神さまは人間に忘れることと諦めるという有難い能力を与えて下さいました。そのうち必ず忘れます」とか、

「あせったってしようがないでしょう。自然に委せるほかないですね」とか。

そのうち、エイ、めんどくさいな、自分の心は自分で処理せよ、そんなことまで人に頼るな、いい年こいて、何をいうとる！　と叱りつけたくなるだろう。

——ご主人は今、あなたのそばにいて、あなたを見守っていらっしゃいますよ。何も心配いりません——。

まさに「人生の知恵」とはこういうことなのであろう。こういったからといって、

「なんですって⁉　主人がそばにいる！　先生には見えるんですか？　主人はどんな顔をしています？　え？　どんな？　どんな？」

地獄は……ある。

と喰い下る人など滅多にいない。亡き人がそばに来ていると聞いただけで胸がいっぱいになり、ただただ嬉しく有難くて涙がこぼれ、そうして悲しみが消える。

衆生を救う人はこういう知恵を豊富に持っていなければならないのだろう。だが私のような心霊の半可通は、つい、こんなことを口に出してしまう。

「死んだ主人がそばに来ているとしたら、それは成仏してないということになりますね。死後四十九日の間は魂は現界にいますがね、四十九日が過ぎるとその後はそれぞれ、行くべきところへ行くんです。四十九日過ぎてもこの世に止《とど》まって奥さんのそばにいるとしたら、それは成仏出来ずにうろうろして頼ってきているということじゃないでしょうかね」

そんなことをいわれるだけでも相談者はキモを潰すであろうに、更に余計なことをつけ加える。

「あの世つまり四次元世界では幽界と霊界とがあり、その上に神界があるそうですよ。幽界はおよそ上、中、下の三階層に分れていますが、人が死ねばだいたいはまず幽界の下層に入りますね。その後、魂の修行を積んで、だんだん上へ上っていく人（魂）もあれば、いつまでも同じ所にいる場合もあります。幽界の上部まで行くとその上に霊界があり、そこもまたおよそ三階層に分れています。我々凡俗が死ぬとまず幽界の入口あたり、幽現界という所でうろうろしていてから幽界へ行きますが、死後の行き先はそこだけではないんです。幽界の下には地獄があるんです……」

せっかく慰められた人を、どん底へつき落してしまう。

だが、こんなふうにえらそうにいいたくなるのは過去三十年にわたる霊体験によって、右往左往しつつ私なりに学び習得したことがあるからで、それは逐次師事した何人かの心霊学の先達の、それぞれの経験・知識が私の中に蓄積され濾過《ろか》されて身についたものなのである。しかし私が最も尊敬する今は亡き中川昌蔵師の口癖は、

地獄は……ある。

「私のいうことを絶対だと思わないで下さいよ。あくまで一つの情報として聞いて下さいよ。私のいうことを参考にして考えて下さい」

という言葉であったから、私のいうことはゼッタイだとはいわない。何しろ「見えない世界」のことであるから、確証というものはないのが当然である。神から霊能を与えられた人は、凡俗には見えないものが見える。しかし「すべて」が見えるわけではなく、ほんの「一部分」が見えるだけだと中川師はいわれた。

例えていうとある霊能者にはこの窓から向うの景色を見ている。別の霊能者はこっちの窓からの景色が見えている。見える景色はそれぞれ角度が違う。窓から身を乗り出して俯瞰《ふかん》するわけではないから、見える範囲は限られている。従って見た景色がそれぞれ違うのは当然である。どの景色が正しく、どれが正しくないとは一概にいえない。だから中川師は「あくまで一つの情報として聞いて下さいよ」と念を押すのである。

霊能ある人の多くは霊視のほかに守護霊から教えられて未知のことを知る。その時の言葉（といっても我々が使っている言葉ではなく、ある種の「気」というかテレパシーのようなものらしい）にしても、すべてをつまびらかに教示してくれるのではなく、断片に近い、極めて大ざっぱなもののようだ。見えた光景、受けたテレパシーをどう理解するか、解釈するか、どう伝えるかはその霊能力者の力量、教養、人格にかかわってくる。私利私欲を離れた無私高潔の人物の言葉こそ信じられるものだと考えるべきだろう。

地獄は……ある。


ある日、二十三歳のＯＬだという女性が電話をかけてきた。

「なんだか知らないけれど、生きているのがつまらなくて、何もかもいやになって死にたくなったんですけど」

という。

「なんだか知らないけれど」生きるのがつまらなくていやになったとは、甘ったれるな、「死にたきゃさっさと死ねばいいだろう」といってドギモを抜いてやりたいけれど、昔ならそう一喝すると、ハッと気がついて正気に戻り、「目が覚めました」

ということになったものだが、今は「そうですか、そんなら」とすぐその気になって、

「佐藤愛子様、
死ねといわれましたから死にます」

などと遺書を残して死んだりしかねないから、うっかりドギモなど抜けないのである。仕方なく諄々《じゅんじゅん》と諭す。

「あのね、あなたは死んだらすべて無になる、何もかも終ると思ってるみたいだけど、そうじゃないのよ。死んだ後には四次元の世界があって魂はそこへ行くんです。この世をつまらないと思い、孤独感や絶望感を持ったまま自殺すると、死んでからもその絶望や孤独を引きずることになるのよ。死んでも意識は

消えないんですよ。肉体がなくなるだけ」

そういうと彼女は反射的に、

「そんな……」

と抵抗心を見せ、

「信じられません。死後の世界があるなんて、どんな証拠があるんです？」

とつっかかるようにいう。

「証拠？」

実はそれをいわれると弱いのである。物的証拠などどこにもない。だが物的証拠はないけれど、あの世はあるのだ。私はあると信じている。信じているからそれは「ある」のだ、という。

「独断《ドグマ》ですね、佐藤さんの」

俄《にわ》かに彼女は嘲笑的な声になった。

「まさか佐藤さんも自殺したら地獄へ行くなんて、うちのおばあちゃんみたい

地獄は……ある。

なことはおっしゃらないでしょう？」

「あなたのおばあちゃんはそういわれたの？」

「ええ、死んでやる！　って暴れたら、そういうんです。地獄って、エンマ様がいて嘘つきの舌を抜くんでしょ？　針の山があって、そこを歩くと針が突き刺さるので落ちる。とそこは血の池で亡者がアップアップしてて、這い上ろうとすると赤鬼、青鬼が見張っていて上って来るのを突き落す。それから釜茹《かまゆで》とか、それから……何だったかしら、とにかくいろいろあるんですよね。それって賑やかで面白そう、この世よかマシかもしれない……そういったら、おばあちゃん、怒るかと思ったら、泣いたんです……」

「針の山や血の池があるとは思わないけれど、地獄というか、暗黒界はあります」

と私はいった。私が学んだ先達のどの人からも私は四次元には暗黒界（地獄）があると教えられている。幽界、霊界にも階層があるように、暗黒界にも階層がある。天上から使命を与えられてこの世に遣わされている霊能者の中には、四次元界の様相を見学（？）させられることがある。幽界の各層は無論のこと、暗黒界へも行かされる。その時は強力な守護霊団に守られて行かねばならない。兇暴な力が集っている所や逃げ惑う群に巻き込まれそうな場所など、単身で行けばやられてしまうからである。

そこは全体に薄暗く、じめじめと湿《しっ》けていて何ともいえないいやな臭いがたちこめているという。その中にじっとうずくまっている一群もあれば、隊列を組んで黙々と動いている一団もある。だが何をしているのかはわからない。来る日も来る日も——といっても太陽がなく時間がないから、そういういい方は出来ない、要するに終りなき時間の中をいつまでもいつまでも永久にそうしているというわけだ。当然のことだが「死」さえもここにはないのだから、終りはこない。

更に下層になると、そこは暗黒で泥土の中に亡者たちが首だけ出して埋まっ

地獄は……ある。

ているという。右隣りにも左隣りにも、前にも後ろにもぎっしり並んでいるのだが、闇に包まれているのでそこにいるのは自分一人だけだと思っている。これが孤独地獄の様相である。

自殺者は間違いなく地獄へ行く。「この世で結ばれないのなら、いっそあの世で……」と後追い自殺などしても、あの世で結ばれるというわけにはいかないのである。愛する人は長患いの間に死を受け容れる覚悟を定め、人々に感謝して静かに死出の旅に出たとする。そうすればその人はすーっと真直に幽界の上の方へ上って行くだろう。片や後追い自殺をした方は、与えられた自分の生を全うせずに自分で勝手に裁ち切ったのであるから、暗黒界へ行かされる。あの世で一緒になるには、悲しみや執着を克服して、苦しくとも辛くとも与えられた生を全うしてから死ぬしかないのである。

この世で結ばれないのなら、いっそあの世で、と悲恋の男女が共に死んだ。同時に自殺したのだから、一緒に地獄へ行けるかもしれないが、腐臭漂う暗がりに並んでうずくまっていてもしようがないだろう。

「つまり、そういうことなのよ」

と私は前記のＯＬさんにいった。よくよく剛情な性質とみえて、彼女はバカにしたように、

「そうなんですか……面白いと思えば面白いですね。赤鬼やエンマ様がいた方がもっと面白いけど」

という。私はいった。

「信じるも信じないもあなたの勝手だけど、まあ、百聞は一見に如《し》かずというから、もしなんなら死んでみますか？……」

すると彼女は暫く口籠っていてから、いった。

「でも……まあ……やめときます……」

悩める人には瀬戸内流でも説得出来るが、佐藤流オドシの法でも説得出来たのである。近年の自殺者は年間三万人に達するという折から、私は是非この地

地獄は……ある。

獄話を広めたい。

その数日後、たまたま私は『奇蹟の輝き』というアメリカ映画のビデオを見た。そしてそこに描かれている死後の世界が、あまりにも私が聞き知っていたあの世と同じであることに驚いた。概略はこうである。

夫は医師、妻は画家、男女二人の子供、という幸せに満ちた家庭をある日、悲劇が襲う。二人の子供が乗った車が事故に遭遇して、二人ともに死んでしまうのだ。そしてその後、妻の頼みで用を足しに出かけた夫も、車がトンネル内で起きた事故に巻き込まれて死ぬのである。

一人ぽっちになった妻は明け暮れ歎き悲しむ。子供を死なせたのは、自分が運転をしないでメイドに委せたためであり、夫が死んだのは自分が用事を頼んだためだという呵責が彼女をさいなむ。死んだ夫の霊魂はそんな妻の傍へ来て慰めるが、当然、妻にはその姿が見えず、悲しむばかりである。

やがて夫の魂は「サヨナラ」といって去って行く。つまり「四十九日」は現界にいるが、四十九日過ぎると死後の世界へと旅立つ、という仏教の説と同じである。

夫の魂はトンネルのような、回廊のような所をどんどん歩いて行く。この場面もかねてより聞いている幽界への道筋だ。臨死体験をした人によれば、「花の咲き乱れている道」を歩いて行ったといい、また「真暗なトンネルをダーッと転がるように運ばれて行った」という人もいる。とにかく幽界までの道のりは、一人ぽっちで行くものらしい。これもかねてから聞き知った通りである。

やがて夫は咲き乱れる野の花々の中で目覚める。どれくらい眠っていたのかは映画の中では説明がなされていないが、死者が幽界に入る前に、眠らされる期間があるようで、その期間は人によって長かったり短かかったり、それぞれ違うという(この世での苦痛を忘れ去るための眠りだという説もある)。

眠りから覚めた夫は起き上る。幽界での第一歩を踏み出すのだが、勿論、一人ぽっちである。まわりは山や野が広がっているが、人影はどこにもない。

地獄は……ある。

と、そこへ一人の黒人の若者が忽然と現れる。彼は夫が幽界に馴れるまでつき添って、何くれとなく教える。人が現界で生きている時は、守護霊がついているというから、この黒人は現界の時からの守護霊なのかもしれない（と思っていたが、後になって彼は先に交通事故で死んだ息子だったことがわかる。息子がなぜ黒人になって現れたのかはよくわからないが）。

あの世は想念を持てば、その想念が忽ち実現する世界だとかねてから聞いていた。絵を描きたいと思えば画材一切が出現するし、コーヒーを飲みたいと思えばそこにコーヒーがある、という具合に。海で泳ぎたいと思えば、弁当や水着を用意して電車やバスを乗り継いで、時間をかけて行かなくても、そう思っただけで海辺にいるのだそうだ。

だとすると物を作ったり、家を建てたり、畑を耕したりする苦労はない代り喜びもない。金持ちになる必要もなく、貧乏を歎くことも、成功を喜ぶこともない。努力、忍耐、何もいらない。怠け者には理想郷だろうが、私のような働き者は退屈でたまらないだろうと思う。しかし、考えてみればそもそも肉体がないのであるから欲望がない。腹も空かないし病気にもならないし性欲もない。つまり、だから「天国」なのである。

この映画の中でも、やはり同じような様相が描かれていた。木の枝の鳥を見て、「飛んでほしい」と思うといきなり空高く舞い上り、鳥の羽がるり色になってほしいと思うとるり色になる。

彼（死んだ医師）は先に死んだ女の子に会いたいと思う。すると東洋人のスチュワーデスが現れた。かつて現界にいた時、彼は東洋人のスチュワーデスを見て「東洋の女は素晴しい。しとやかで美しく、知的だ」といったことがある。彼の娘は父の望む姿になって現れたというわけだった。

さて彼は一人ぽっちの山野から人（魂）のいる場所へ移動する。幽界に入った地点から少し上の層に上ったということであろう。そこではゆるやかに空を飛んで行く者、水の上を走る子供、泳ぐ者、舞い上る者、いずれも楽しげで美しい世界だ。彼は少しずつその世界に馴染んでいく。

一方、現界にとり残された妻は、孤独と呵責に苦しんだ果に自殺する。幽界でそれを知った夫は「よかった、これで彼女の苦しみは終った」と思い、これで「妻と会える」と喜ぶ。だが妻の自殺を彼に伝えた黒人青年は、「いや、会えない」といい切るのである。

「自殺した者は行く場所が違うのだ」という。人間は与えられた一生を最後まで旅しなければならない。だが妻はそれをしなかったために地獄へ落ちたのだ、と。

夫は妻を救うべく反対を押し切って地獄へ向う。ヨットに乗って川を下って行く。景色は次第に薄暗くなり、空に浮遊する者の姿はみな黒一色である。やがてあたりは真暗になる。海へ出たのか、嵐がきて舟は波浪をかぶる。裸の亡者たちが寄って来る。ついに舟が沈没。波に巻き込まれる。漸く岸辺に這い上る。どうやらそこから本格的地獄が始まるのである。

暗がりの中の荒涼たる風景。そこは難破船の墓場だ。船と共に溺死した亡者たちがのろのろと働いている。重なり倒れている亡者たちもいる。怪しい焔《ほのお》。そうして次に展開された情景は、まさしく話に聞いていたあの、泥土に身体を埋め、頭だけがぎっしり並んでいる老若男女の「首の原」ともいうべき光景である。夫はその首の間をすり抜けたり飛び越えたりして走る。

「踏むな！」と叫ぶ声。

「薬をくれ！」

「動物じゃねえぞ」

あちこちで叫びが上る。

走っているうちに突然泥土が陥没して、彼は落ちていく。落ちた所は廃屋の前である。荒涼とした風景、瓦礫、倒壊寸前の家の中に妻がいた。呆然として汚れ果てて坐っている。足もとは水浸しだ。彼は妻に語りかける。妻は彼を忘れている。子供と夫を失ったことの寂寥と自責に心が閉され、夫の愛が届かな

地獄は……ある。

いのだ。自殺者は自分を責め、苦しめ、罰しつづけるので救われないのである。

妻を救えないことを知った彼は、地獄に止まることを決心する。彼の語る追憶に妻の心は少しずつ開かれていきはするが、彼の方は地獄の瘴気《しょうき》を受けて正気を失いかける。正気を失えば彼女が誰かもわからなくなり、地獄に呑み込まれてしまうのだ。

その時、妻は彼の放つ愛の力を受けて次第に覚醒し、夫の名を呼んで「諦めないで」と叫ぶ。

そうして二人は地獄を脱するのである。気がつくとかつて二人で夢見た花咲き乱れる湖畔の家にいる。愛の力によって二人は救われたのである。

この映画を見たことによって、私は死後についての私の考え方に自信を持った。霊能者によってはこの窓から見る人、あの窓から見る人、角度によって違う景色が見えるものだから、各自の意見が異なることは当然であり、仕方のないことだ、と中川師はいわれた。だから「絶対正しい」ということはないのだと。

しかし広い世界、長い人間の歴史の中で、それぞれが語り積み上げてきた冥界の相の中に、思いもかけぬ符号が見られることは否定出来ないのである。

これは違うとも、本当だとも私にはいい切れない。自分が真実と思うことが真実なのであって、他人にはわからない、という言葉がこの映画の中にあった。その言葉に力づけられて私はこの稿を書いた。

地獄は……ある。

あの世からのプレゼント

遠藤周作さんは生前、よく私に、

「君、死後の世界はあると思うか？」

と訊いた。

「あると思う……ある……」

すぐに私はいい切った。五十歳を境に次から次へと超常現象といわれる現象に右往左往させられてきた私は、それが霊魂のしわざであること、肉体の死後も魂は生きつづけることをいやでも認めないわけにはいかなかったからである。

すると遠藤さんはこういった。

「そんなら君が先に死んで、死後の世界があったら、幽霊になって出て来て、あった、というてくれ。オレが先に死んだら出て来て、あったと教えてやるから」

「遠藤さんの幽霊なんか出て来ていらん――」

と私はいい、いつも冗談半分にその話はそこで終った。

遠藤さんが亡くなったのは平成八年九月二十九日である。その翌年の平成九年五月十三日、私は霊能者の江原啓之さんと電話で話をしていた。何の話をしていたかはよく憶えていないが、電話の途中で江原さんが急に黙ったと思ったら、

「ちょっと待って下さい」

といい、それから、

「遠藤周作先生……だと思うんですが、私は写真でしか存じ上げないのですが……今、佐藤さんの部屋に来ておられます」

といった。

「えエッ――」

といったきり、私は言葉が出ない。

「遠藤先生は茶色の和服を着て、今、壁に懸っている絵を見ておられますよ。ニヤニヤしながら、壁添いに歩いて、机の上を見ていらっしゃいます」

夜の十二時近かったと思う。私はベッドに腰かけて受話器を耳に当てていた。部屋は寝室と書斎を兼ねていて、窓に向いて書きものをするデスク、反対側に長椅子と本棚があり、壁にはその時は確か永田力さんの絵が懸っていたと思う。思いがけないなりゆきに私は言葉もなく、受話器を耳に当てたまま江原さんの次の言葉を待った。

と、江原さんはいった。

「今、こういわれました。『死後の世界はあった……だいたい君のいった通りだった……』」

声には出なかったがあッ！　と思った。遠藤さんは約束を果しに来たのだ。遠藤さんの幽霊なんか出て来ていらん、といったのに、やっぱり教えに来てくれたのだ……。

身体を戦慄が走った。私の目には見えないが、遠藤さんはこの部屋に来ている――。デスクの上には書きかけや書き損じの原稿がノートの類《たぐい》と重ねて置いてあるのだが、遠藤さんはそれをひとつひとつ、人さし指で持ち上げてニヤニヤしながら見ているという。

「作家はみな怠け者だからなあ。こうして時々見廻ってるのや」

と遠藤さんはいったそうだ。勿論私には姿も見えず声も聞えない。江原さんは波長で遠藤さんの言葉をキャッチしているのである。

「遠藤先生はお亡くなりになってからまだ一年と経っていませんよね？」

と江原さんは私に訊いた。

「去年の九月二十九日に亡くなられたのですから、およそ七か月でしょうか」

「それはすごいですね。半年とちょっとくらいで、もう幽界の高い所まで行かれたようです」

そういったと思うと江原さんは突然クスクス笑った。

「死んで真直にここまで来るのは、なかなか出来ないことだと自慢していらっしゃいます」

「じゃあ、死んでも生きている時のキャラクターは変らずに残っているんですね?」

そう私が訊くと江原さんは、

「そのようですね」

クスクス笑いながらいった。それからすぐ遠藤さんの姿は見えなくなったらしい。電話を切ろうとすると江原さんは、あ、ちょっと待って下さい。見たことのない場面が見えてきました、といささか興奮気味である。

広い畳の部屋があって、それは舞台のように空中に浮かんでいるらしい。中央に朱塗りの座卓、その上に徳利と湯呑茶碗がある。座敷の背後はどこまでもどこまでも奥へとつづいている。鏡を張り廻《めぐ》らした部屋では際限なく部屋がつづいているように見えるが、そのような感じだという。座卓のまわりに座椅子が四つあって、その一つに遠藤さんが坐っている。遠藤さんの右横に「やや小太りの丸いような四角いような顔の男性」が坐っているが、どなたでしょうね、作家の方だと思うんですが、と江原さん。私はすぐにピンときて、多分開高健さんでしょう、といった。江原さんが「開高さんですか」と訊くと頷いたという。もう一人、女性がいる。ワンピースを着た、ボーイッシュな感じの細身の女性で五十歳くらいに見える。

誰かしら？　と私は思案した。女流作家で亡くなった人といえば、芝木好子さんしか思い当らないが、芝木さんはボーイッシュじゃない。芝木さんですか、と江原さんが訊くと、「わたしのこと知らないなんて失礼しちゃうわね」といったという。その声は低めで、さばさばしたしゃべり方だそうだ。考えたがわからない。

「知らない筈ないじゃない。寂しいわ」

といっているという。すると、遠藤さんが横合から、「たっちゃんだよ」といわれました、と江原さんはいった。

「たっちゃん？」

ますますわからない。すると今度は、「さっちゃんだよ」といったように聞えたという。「たっちゃん」か「さっちゃん」か？　多分、さっちゃんといったのをたっちゃんと聞き違えたのでしょうと江原さんはいう。それでもわからない。「ヤーだ」と「さっちゃん」はいい、遠藤さんの肩を叩いたりしている。

「あたしは演劇の方面もやってたの」といわれました。

と聞いて思い出した。「さっちゃん」だなんていうからわからないのだ。佐和子さんでしょう。有吉佐和子さん――私はいい、江原さんが確かめるとやっと有吉さんは頷いた。

江原さんは「もう一人、端っこに坐っている人がいます」という。この人も小太りでメガネをかけている。何もいわずに酒を湯呑についでは飲んでばかりいるらしい。全体の雰囲気では、どうやら「ついで」に呼ばれた人のような感じです、と江原さんはいうが、見当がつかない。

遠藤、開高、有吉三人は楽しそうだ。遠藤さんが、

「今、佐藤愛子がこっちを見てるぞ」

というと開高、有吉がわーッと笑ったが、その笑い声にはどこか優位の感じがあるという。遠藤さんは、

「飲むか？」

とこちらに向けて湯呑をさし出したりしてからかい、後の二人がまた笑っているそうだ。

聞いているうちに正直、羨ましくなってきた。この世では「死」は不吉、不幸、悲劇である。だが、あの世には不吉も不幸もないのだ。遠藤さんは、「すごくいい所へ来ている」といい、更に「ぼくの人格が高いからね」といい足した。「人の役にも立ってきた。沢山の寄附もしたしね」とどこまでも冗談めかしていうところが、生前の遠藤さんそのままだ。

私が羨ましいと思ったその波長が届いたのか、遠藤さんは、

「君はまだまだここへ来られないよ。資格がないからな」

といい、開高、有吉両人も口々に、

「ざまァみろ！」

といっている。そう聞くとますます羨ましくなって早く死んで仲間入りをしたいと思ってしまう。だが下手をすると、仲間入りをするつもりで、いそいそと死んでも、資格が足らず幽界の下層でうろうろしていなければならないかもしれない。多分、仲間入りが出来る頃には遠藤さんたちはとっくに霊界に上っているることだろう。

今、遠藤さんたちがいる階層は幽界の最上階で俗に「天国」といわれている所だという。しかし、天国は霊たちの最終地点ではない。その上に霊界があって、天国から更に霊界へ上らなければならないのだ。霊界に入ると現世の記憶（幽界にいる時にはあった）は消失し、楽しさも喜びも何も感じなくなる。完全浄化とはそういうことをいうのであろう。霊界の中段から上段に上っていくと、ただ丸いふわふわした球のような形になって、宇宙の真理、愛を理解するようになり、濃厚な満足感に包まれるということである。

霊の中にもいろいろな霊があって、素直に霊界を目ざすものもいれば、霊界よりも幽界の上段に止まっている方が楽しいので、いつまでも霊界へ上ろうとしない霊がいるそうだ。もしかしたら遠藤さんの一行はその組に当るかもしれない。丸いふわふわした球になるよりも、時々、こうして現世にチョッカイを出している方がなんぼか楽しいだろう。

開高さんはそのうち、気がついて、

「でもなんで、佐藤愛子が我々の話を聞いてるんだ？　佐藤は死んだのか？」

と訊いた。すると遠藤さん曰く、

「死んじゃいない、死んじゃいない。そういうことをする女なんだ。知らなかったのか、魔女なんだ」

そしてつけ加えたという。

「生きてても、ノゾキ見出来るのだ」

生きても死んでもどこまでもふざけた男だ。しかしふざけながら天国まで真直に行けたということは、この世で病弱に苦しみつつ克服の努力をし、人の悲苦に人一倍の思いやりを持ち、愛に満ち、そうして死を受け容れる覚悟が出来ていたためだろう。私はそう確信する。

以上は江原啓之さんが恰《あたか》も実況放送のように、

「今、開高さんがこういわれました」

「有吉さんがこういわれました」

というふうに電話口で伝える言葉を、私が手近の紙片に書き留めたものである。信じる信じないは読者の判断に委せる。

霊能者という存在は、人によってはうさん臭く思い、別の人からは神のように思われるまことにむつかしい存在である。この世、即ち三次元世界とあの世、即ち四次元世界の波動は基本的に違う。従って三次元の感覚で四次元を理解することは至難である。四次元には物がない。あるのは波動だけなのである。

霊能者が百人いたら百人ともいうことが違うのは、霊能者は彼自身が持っている波動の世界しか知らないからである。波動の低い人、高い人、人によってみな違う。波動が低いと暗い所（低い所）しか見えない。波動が高いと明るい所（高い所）しか見えないという。波動の幅が広い人は滅多にいないといわれているが、江原啓之さんの波動の幅がどれほどのものなのか我々にはわからない。江原さん自身でもそれをいうことは出来ないのではないだろうか。私にわかることは江原さんと遠藤さんの波動はよく合うらしいということだけである。

かつてテレビで大人気だった女性霊能者の霊視を聞いていて私はふしぎに思ったことがある。彼女は相談者に向ってよくこんなふうにいっていた。

「あなたのおばあさんがそこにいらっしゃいますよ。あなたを守っていらっしゃる。よもぎ餅を作ってほしいとおっしゃってますけど」

すると相談者の表情に驚きが走って、

「おばあさんはよもぎ餅が大好きでした……私が近くの土手でよもぎを摘んできてよく作りました……」

と感動する。「よもぎ餅」がおばあさんの霊が本物であることを証明するのである。人によっては、「これはあらかじめ話をして、よもぎ餅が好きだったことを聞き出していたにちがいない」と疑うことをインテリの印であるように考えるが、私はそうは思わない。本当に彼女の波動はおばあさんの波動を捉えているのだと思う。しかし嘘ではないけれどもそれが彼女の限界なのである。彼女の霊視はたいてい、おばあさん、おじいさんなど、相談者の身近にいた人ばかりで、時には飼犬だったり兎だったこともある。「大先祖にこういう方がおられて」とか「守護霊がこういっておられます」などという話は聞いたことがなかった。波動が低いと、低い霊の波動としか合わないからである。

短波受信機は波動が合うと電波が届く仕組になっている。時々低級霊に憑依される人がいるが、それは低級霊と同じ波動の持主だということになる。最近これといって原因がない、理性を感じられない殺人が増えているが、これは日本人の波動が低くなっているためだといわれる。神職にお祓いをしてもらったり、霊能者に祓ってもらったりしても、その人の波動が上らないうちは、祓われた低級霊はまた引き寄せられてやって来る。たとえ霊能者の力でその憑依霊が浄化したとしても、同じ波動の別人（別霊）が来て憑いてしまう。物質的価値観がはびこって、精神性が低下している現代社会はこうして、低級霊が跋扈《ばっこ》し、なるべくしてなってているといえるのだ。

話を戻そう。

時計はもう深夜の一時を過ぎているのに電話を切れないのは、江原さんの実況放送が終らないからである。遠藤、開高、有吉の居並ぶ端っこにいて、何もしゃべらない小太りのメガネの男はどうしてますかと訊ねると、相変らず酒を飲んでいますが、といいながら江原さんの波長がそっちへ向いたためか、「涙を拭いながらこんなことをいっておられます」と江原さんはいった。

「もっとそばで話したいな……切なくなる……寂しくなる……辛いことばかりあったし……泣けてくるんだ……泣けてくるんだ……泣けちゃうんだなァ」

としみじみいっておられます、という。もしかしたら川上宗薫では？　と私は思った。川上さんとはお互いに売れない小説を書いていた時からの友達だった。共苦労をした仲、といってもいい。若い頃は小太りで丸い顔をしていたが、晩年は瘦《や》せた小男になった。癌で亡くなった時は、子供のように小さく縮んで枯木のようになっていた。

「亡くなった人はたいてい、自分の一番盛だった頃の姿で現れます」

と江原さんはいう。

「川上さんですか？　宗薫さんですか」

と江原さんは何度も訊ねたが、彼は頷きもせず、否定もせず、ただ泣いては飲んでいるという。

川上さんは（と私は勝手に思い決めた）まだ遠藤さんたちのように浄化して天国にいるのではないのかもしれない。遠藤さんの波動が私のために川上さんをわざわざ呼び寄せたのかもしれない。本来ならここへ来られるような立場ではないのだが、遠藤さんの波動の力はそれほどに強いものになっているとも考えられる。

「開高さんが改まってこういっておられます」

と江原さんがいった。

「いろいろお世話になって有難うございました。身内がなにかとお世話になりました。そのことを伝えて下さい」

それから有吉さんが、

「『ごめんなさい』って伝えておいてね。生きてた頃、お役に立てなくて……」

といったそうだ。これは私の想像だが、開高さんと有吉さんは遠藤さんのように真直に幽界の上へ上ったのではなく、はじめは下層に入り、修行を経てここまで上ったのではないだろうか。聞くところによると、死後の世界でもやはり修行があって、段階を経て上っていくのだという。

「『ごめんなさい』って伝えておいてね。生きてた頃、お役に立てなくて……」

と有吉さんがいったのは、修行の結果ではないのか。生きていた頃の有吉さんはとても私なんかにそういうことをいう人ではなかったもの。

「作家というものは業《ごう》が深いから、なかなか成仏出来ないと思ってたけれど、よかったわねえ」

と私がいうと、

「ほんとにその通りだ。こんな業の深い商売はないよ」

と遠藤さんは答え、

「ここにいれば編集者は迫ってこないし、締切りもない、どれだけ楽か……」

といった後、こうしているのも今のうちだ、仕事が待っている、といった。

仕事とはどんな仕事かと訊くと、「世直しの手伝いをする」ということである。

「現世というものに世話になったからには（世直しを）やらなくてはならないが、何から始めるかまだわからない。宗教的なことはやろうと思わない。現世的な世直しをしたい。それこそ神が望まれることだろう」

多分、何か導きのことをするんでしょう、と江原さんがいうと遠藤さんは、「もうひと書きしなくちゃいけないだろう。ここにいるみんなはみなこちらで書いている」

といい、「そうだそうだ」と開高さんが拍手する。「ひと書き」とはどういうことなのか私にはわからない。遠藤さんが誰かに憑いて、警世の文章を書かせるということなのか？　もしそうだとしたら是非この私に憑いてもらいたいものだ。

その時、江原さんの目に、背後に白い着物を着た老人や女性が靄《もや》の中に佇むように見えてきた。戻る時が来たのである。

「あなたのおかげで集まることが出来た、有難う」

と遠藤さんは江原さんに礼をいい、立ち上ると座卓の上にあった皿から、みりん干を摑んで着物の袂《たもと》に入れてみせた。そこがいかにも遠藤さんらしい。酒やみりん干はあくまで私たちに見せるための「小道具」で、摑んで袂に入れたのも、彼らしいサービス心なのにちがいない。

江原さんと遠藤さんとの間の波長はそこで切れた。

「もしこの話をお書きになる場合は、この後のことはお書きにならないで下さい。誤解されますから」

と念を押してから江原さんが話したことは、木製の駕籠《かご》が四つ来て、その一つずつにそれぞれが乗ると、戸が閉じられ、遠藤さんの駕籠だけに小窓があって、そこから遠藤さんが手を出してひらひらさせている。駕籠は浮き上り遠去かって行くという情景である。

「遠藤さんの手がひらひらするのがまだ見えています」

江原さんはいった。

そしてすべては終った。時計を見るともう午前三時だった。何ともいえない寂しさ、名残り惜しさが胸に残っていた。

これは平成九年五月十三日から十四日にかけてのことである。私は思う。遠藤さんが私に教えようとしたものは何だったのだろう？

死後の世界は確かにあるということ。死んでも尚、魂がしなければならぬ使命があるということ。向うからはこちらのことがすべて見えているらしいということ。そうして……いやそんな意味づけよりも、何よりも私が得たものは死を怖れ悲しむ気持がなくなったことである。勇んで死を迎えようという気持になったことである。これは遠藤さんからの有難いプレゼントだ。人生の終りにさしかかった私、死に向かって近づいている私を、遠藤さんは力づけに来てくれたのだろう。

狼男は可哀そうか？

何年くらい前のことになるだろうか、ある年の夏、私は講演を頼まれて沖縄へ行った。講演の後、那覇の街を散策しているうちに、とある店でガラスの花瓶を買った。本当はホテルのロビーに飾ってあった真紅のガラスの壺のあまりの美しさに魅せられて、赤いガラス壺が欲しかったのだ。しかし赤い壺を見つける前に私はその店にあった半透明にブルウの模様が浮き出ている花瓶を買ったのである。特にそれが気に入ったというわけではなかった。棚の上に並べてある幾つかのガラス器の中でそれは埃にまみれていた。確か値段は四万円ほどだったと思う。口が広くて平《たいら》な形がちょっと面白い、というだけで特別な輝きに惹き寄せられたのではなかった。——なにげなしに買った……その程度の気持だった。

家へ帰ってきて、それを居間兼応接間の出窓に置いた。なにげなく買ったものであるから朝夕、眺めて楽しんでいたというわけではなかった。

書斎での仕事が一段落すると私は居間に出て来て、ロッキングチェアーに腰を下ろし、見るともなく庭を眺めたり、テレビを見たりする。そんな日々を過ごしていいるうちに、日を追うていいようのない気分の悪さを感じるようになった。何をする気も力もなくなってきた。ロッキングチェアーに坐って、一日中ぼんやりしている。丁度薬物中毒になった人が、薬が切れかけてきた時というのはこういう気分ではないかと思えるような脱力感に蔽われていた。

そんなある日、たまたま江原啓之さんが遊びに来たので、このところどうも気分が冴えないのです、とこぼしていると、周りを見廻していた江原さんが、

「いつもと部屋の感じが違いますねえ……何か、新しい飾り物を置かれましたか？」

と訊いた。

「飾り物？」

と反問してから私は気がついた。

「その出窓のガラスの花器、それが増えましたけど……この前、沖縄で買って

来たものです」

江原さんは花瓶を見て、すぐに、

「これです……気分のすぐれないのは……」

と立ち上がった。

江原さんが霊視すると、想念の中に深い穴の底のような地下壕が現れてきた。

そしてそこにいるのは、

「おじいさんと若い女性……多分、このおじいさんのヨメに当る人だと思われますが、その人とそれから小学生の男の子がいます。女の人と男の子は頭から紙袋のようなものを被《かぶ》っています。老人が被せたのだと思いますが老人の方は被っていません。湯呑に何か液体を注いで女性と子供に渡しました……。あっこれは毒薬ですね。死のうとしているんです。女性と子供はそれを飲んで斃れました……。老人は自分は飲まずに刀のようなもので、頸動脈を切りました……」

六十年前の凄惨な沖縄決戦の際の一齣《ひとこま》だ。アメリカの上陸軍が迫って来る中、もはや死ぬ以外に途はなくなって（女性の夫がいないのはおそらく戦闘に駆り出されたのだろう）老人は一家の死を選んだのだ。

その三人の魂がこのガラスの花瓶と一緒に私のところへ来たというのか？

六十年経った今――。

「いや、花瓶にくっついて来たんじゃありませんね。珍らしいことですが花瓶の中に入り込んでいるんです」

「入り込んでいる！　霊魂がですか？」

「そうですよ」

と江原さんは痛ましそうに頷いた。

後で知ったことだが、沖縄のガラス製品は古いビール瓶やサイダー瓶を砕いて溶かし、再製したものが多いという。だとするとこの花瓶は元はビール瓶かサイダー瓶だったのかもしれない。三人が自決した時、その傍に転がっていたサイダー瓶に魂が入り込んだのだろうか。それとも未浄化霊となった三人はそこいらを浮遊しているうちに、この花瓶に懐かしい平和な日々の思い出のサイダーの、その瓶のカケラが溶け込んでいるのを見て、つい入り込んだのだろうか？　それともこの花瓶を造った人との間に何らかの因果関係があったのか……。

江原さんはいった。

「頻《しき》りに水を欲しがっていますから、毎日、この花瓶いっぱいに水を入れてあげて下さい」

私はいくらか元気をとり戻し、毎日せっせと花瓶に水を入れていたが、そのうち毎年夏を過すことにしている北海道へ行くことになった。留守の間は花瓶に水を欠かさぬよう、留守居の人に頼んで出かけた。

秋になって帰宅した私はある夜、いつものようにロッキングチェアーに腰かけてテレビを見ていた。と、いきなり、バシッと顔の右側が殴られたようになって頭がグイと左へかしいだ。驚いて見廻したが居間は何の変りもなく静かである。私のほかには誰もいない。

すぐに江原さんに電話をかけた。もしかしたら留守居の人が花瓶に水を入れるのを怠っていたのではないか？　三人は怒ってる？　そんな想像が浮かんだのである。だが江原さんはこういった。

「それは花瓶から出ている強烈な『気』に、たまたま佐藤さんが触れたのでしょう」

その「気」は絶えず花瓶から放流されている。一か所だけを目ざしてまっすぐに放流されているのではなく、あちこち漂い廻《めぐ》っている。その漂いの中にたまたま私の顔の右側が触れたのだ——江原さんはそう説明した。

「ではその『気』というのは、やっぱり、それは怨念なんでしょうか？」

「そういうものでしょうねえ。浄化されたくても出来ないのでしょう」

そして江原さんはつけ加えた。

「やはりこれは、ここには置かない方がいいかもしれませんねえ」

まったくこれではうかうかロッキングチェアーに坐ってもいられないのである。来客の中には私のような霊体質の人がいるかもしれない。その人が何も知らず花瓶の前に腰かけて、お茶を飲もうとしたら、「バシッ！」。

たまたま近くに私がいたりすれば私はどんな疑いをかけられることか。

粗大ゴミに出せば、と娘はいう。しかし私は四万円（送料は二万円近く）もしたものを粗大ゴミに出すのはいかにも勿体ないと思う。勿体ないなんていってる場合じゃないでしょう、といいつつ娘も四万プラス二万という額に心が乱れたか、では古物商に売ったら、という。しかしねえ……と私は迷う。古物商の親爺さんが霊体質でなければいいけれど、あの「バシッ！」を受けては気の毒だ。買ったお客さんにも同様のことがいえる。

じゃあ、いっそ叩き割ったら？　と娘はいう。叩き割る？　斧で？　カケラは裏庭に埋めればいいのよ——。カケラは埋めても、三人の怨霊は一緒に土の中に埋もれてはいないだろう。カケラは物体だ。しかし怨霊は物体ではない。目に見えず、色も臭いもなく、摑むことの出来ない「想念」だ。

とつおいつしながらも三文作家らしく私の空想力は羽ばたいて、「たまたま泥棒が裏庭から入ってくる。その泥棒が霊体質で、カケラを埋めたあたりを忍び足で歩いている。といきなり『バシッ！』。この夜更にいったい何者が？　泥棒は肝をつぶして逃げて行く……」

などと「お話」を楽しんでいると、それに紛れて心の憂さを忘れるのである（この性質のおかげで私は過去のもろもろの恐怖の心霊体験をしのぐことができたのだと思う）。

考えた末に私は花瓶を店に引き取ってもらうことにした。代金はいらない。その代り何も聞かずに品物を納めてもらいたい。私は講演を主催した新聞社の人に事情を明かしてそう頼んだ。そして花瓶を新聞社に宛て送った。店の住所がわからなかったので。

その後、花瓶はどうなったのか、何もわからない。新聞社の人が現地のユタに観てもらったところでは、花瓶には何の異常もない、何も憑いていないといわれたという電話が来た後は連絡がない。新聞社の人が店へ返しに行ったのかどうかもわからない。あるいはそれは新聞社の応接間か、それともその人の家に飾られているのかもしれない。

三人の怨念はどうなっているのだろう。私のほっぺたを叩いたことで気がすんで浄化したのだろうか。江原さんの霊視で自分たちの無念を知ってもらえたことで気が鎮ったのだろうか。人によってはこれは私の幻覚であり、それにつけ込んだ江原さんの捏造《ねつぞう》だというだろう。

だがまあいい。仕方がない。実証主義、合理主義のはびこる現代に生きるには、そう考えるのが一番カンタンな生き方なのであろうから。そっちはそっち、こっちはこっち。説明や説得を諦める方が無難なのであろう。

とはいうものの、現在ほど未浄化霊がうようよしている時代はかつてなかったのではないかと、心霊家の人たちは口を揃えて心配している。花瓶に入り込んでいた三人は気の毒な未浄化霊だが、気の毒とはいえない未浄化霊、悪霊のたぐいが増えつつあるという。そう聞くと、やっぱり黙ってはいられない気持になってくる。

東京の夜の盛り場は今や未浄化霊の溜り場になっているといってもいいそうだ。一例を挙げるなら、渋谷の舗道にぺたんとお尻をつけてタバコをふかしたり、漫然とおしゃべりをしているガングロ化粧の女の子たちの後ろには必ず浮遊霊がいるのが見えるという。浮遊霊が憑くのはその女の子たちの波動が低いからで、低い者は低い霊を、高い波動の持主は高級霊を引き寄せるのである。俗にいう「類をもって聚る《あつま》」ということだ。

酒場へ行くと酒呑みの未浄化霊がうろうろしている。彼らは酒への欲望を引きずって、波動の合う相手を捜している。飲んでも飲んでも満足せず、へべれけになりながらまだ飲もうとしている男には、たいてい酒呑み霊が憑いていると考えてよいという。アルコール中毒だといわれて病院に入り、薬やショック療法などの治療を受けていると、そのうち憑依霊は（つまらないので）離れていく。そこで治ったということになって退院する。しかしせっかく退院してもほどなく再び飲み出すという人がいる。その場合は一旦離れた霊がまた戻ってくるからで、またそれとは別の酒呑み霊が波動に引き寄せられてやって来るという場合もある。本人が自覚して波動を上げなければ、いつまでも同じことのくり返しになる。憑く霊が悪いのではない。憑かれる方が強い精神力を持たなければダメなのである。

このところ三日にあげず、強制わいせつやレイプの記事が新聞紙上を汚している。昔もこういう類の破廉恥漢《はれんち》はいることはいた。だがそんな行為に及ぶ者は、いわゆる知的とされる職業の人ではなかった。今の特徴はレッキとした職業——教師、自衛官、医師、警察官など、時には国会議員などもいるというありさまで、本来、知識を身につけ、人を導く立場にある者ならば当然心得ている「抑制」と「誇」がなくなっていることだ。

毎日の新聞、テレビニュースなどの報道を彼らも当然見聞きしているだろう。今の女性は昔のように恥かしがりやではないから泣き寝入りはしない。積極的に警察やメディアに報らせるから、忽ちすべては明るみに出て一生を棒にふることになりかねないのだ。そういうことがわかっている筈なのに、抑制を忘れて行為に及んでしまうということは自分で自分をどうすることも出来なくなってしまうからで、そうなるのは色情霊が憑依したためだと聞く。

「いつも礼儀正しく挨拶し、仕事はきちんとこなしています。とてもこんなことをする人とは思えません」

と職場の同僚や上司、あるいは近所の奥さんなどには上々の評判の男。その彼が突然レイプ魔になるのだ。満月の夜になると俄かに月に向って吠え、戸を蹴破って残虐な殺人を犯す狼男のように。

「狼男」の映画を見たある娘さんは、

「これは可哀そうなお話なんですねえ」

としみじみいった。

「憑いた狼が悪いんであって、この人は悪くないのに……」

しかし彼の波動には狼霊に憑かれるような低い部分があったのだ。そのため狼霊を引き寄せる。引き寄せているとは知らずに引き寄せている。昼間の彼はおとなしく真面目な人物である。しかしおとなしく真面目に暮しているそのために、その真面目さの下にはいうにいわれぬ窮屈さ、社会の不平等への不平不満や怨みや欲望がひしめいていて、その波動は人の目には見えないが狼の波動に伝わり、彼は夜になると目覚める狼霊に心も身体も乗っ取られてしまうのだ。朝がくると狼霊は彼から離れて眠りにつく。だから彼はもとの真面目でおとなしい彼に戻るのである。「狼男」の伝説にはそういう寓意が籠められているのだと私は思う。

「これは可哀そうなお話なんですねえ、彼はなりたくて狼になるわけじゃない」と娘さんはいったが、なりたくてなるわけではなくても「狼男になってしまう」のはやはり彼の責任なのである。

五年ばかり前に古い知人の令嬢がある駅の踏切で事故死した。彼女はスーパーで色々な買物をして、大きな紙袋を二つ持って踏切にさしかかった。折しも駅には急行電車が入ろうとしていて、遮断機は降りていた。令嬢は遮断機の前にしゃがみ込んで、電車の通過を待っていた。紙袋があまりに重いので、地面に置き、用心のためにそこにしゃがんでいるのだろうと傍の人は思ったということである。

間もなく急行電車の轟音が響いてきた。とその時突然、令嬢は遮断機の下をくぐって線路上に出て行った。人々があっと叫ぶ間もなく、彼女は撥《は》ねられて即死した。

彼女の死は自殺だということになった。私の友人である彼女のお母さんは、自殺をするような原因は何も思い当らない。第一彼女はスーパーで山のように買物をしているではないかといい張った。しかし彼女は下っている遮断機の下をくぐって線路上へ出て行ったのだ。これは自殺に決っているというのが衆目の一致するところだった。

自殺ではない。おそらく彼女はその踏切にいた未浄化霊に憑依されて死んだのだ。私はそう思う。彼女の家庭の経済の基盤はしっかりしており、彼女は外国文学を専攻して、翻訳などもやり始めていた。年はもう若くはなかったが、希望のない生活ではなかった。お母さんがいうように「何の問題もない」ように見えていた。しかしそう見えていたとしても、心の中は「何の問題もなかった」かどうかは誰にもわからないのである。

踏切には前にそこで死んだ未浄化霊がいたにちがいないのだ。その未浄化霊はその前にいた未浄化霊に憑かれ、引き込まれて未浄化霊になったものかもしれない。そうして引き込んだ霊もまた、その前にそこで死んで未浄化のまま居坐っている地縛霊のためにそうなったのかもしれない。その後、

「あそこの踏切は前からよく人が死ぬんで有名なんです」

といった人がいた。

地縛霊になってしまう霊魂は、自分が死んだことを自覚しないために、いつまでも死んだ場所に居つづけるのだという。浮遊霊と違ってあちこち浮遊しないで、その場でじっと孤独に耐えている。そして同じ波動の人が来ると引き込んで仲間を増やし、だんだん増えて霊団になっていき、力を持つようになる。

令嬢は霊体質だったのだろう。そして心の奥深く何らかの絶望感を抱えていたのだろう。人の目には幸せに見えても心の中のことは、もしかしたらその人自身にもわからないものなのである。

今私が願うことは憑依されないことの大切さである。と同時に憑依しないよ

うに死ぬことの大切さである。憑依しないように死ぬということは、生きている間に卑しい情念や慾望を克服し、何も思い遺《のこ》すことがないように十分に生き抜くことだ。

それは過去三十年間の心霊体験の結果、私が得た最も大切なことである。

死は終りではない

私の父佐藤紅緑は情念の赴くままに他への迷惑など考えず、我儘《わがまま》いっぱい破天荒な生き方をした男で、周りの人間を苦しめたばかりでなく、紅緑自身も我と我が情念のどうにもならなさに苦しんで生涯を終えた。

しかし我儘の一方、父はずいぶん人の面倒を見た。単純な感情家だったから、人が困っていると聞けばほうっておけなかったのだ。だが親切に面倒はみるが、その一方ですぐ感情を爆発させたから、そのため人は世話になりながら感謝せず悪口をいって離れて行った。

その中で最後まで父紅緑の我儘と激情を受け止めて、父に尽したたった一人の人物が詩人の福士幸次郎である。幸次郎は紅緑と同郷のよしみで二十歳の時に弘前から上京して紅緑の元に身を寄せ、五十七歳で亡くなるまで四十年近く、ひたすら紅緑の我儘に耐えて尽した人だ。父は福士さんの死後、三年生きて七十五歳で死去した。福士さんとの年の差は十五歳である。

福士さんの死後、父は急速に老衰したのだが、死の床で呻唸している時、よくいった。

「どうしたんだ、福士は。オレがこんなになっているのになぜ来ない……」

「福士さんは亡くなったじゃありませんか。三年前に……」

と母はいい、私たちは暗澹《あんたん》として顔を見合せた。苦しいことがあると父は必ず福士さんに頼った。父が苦虫を嚙みつぶしたような顔で、

「福士を呼べ！」

というのを私は何度聞いたかしれない。極度の我儘者であった父は、苦しみを一人で背負うことがいやで、すぐ福士さんに預けたのだ。そして福士さんもまた、「スグコイ」という電報を受け取ると、どこにいても必ず飛んで来た。私たちも福士さんの家族の人たちも、紅緑のような過激な我儘勝手な人間に、どうしてそこまで尽すのかわからないといい合っていた。

父が死んで二十年余りして母が亡くなり、四人の兄のうち一人だけ残ってい

た長兄も亡くなった。残ったのは姉と私だけである。

私が五十歳を過ぎた頃のことだ。その頃、優れた霊能力を発揮していた美輪明宏さんから、私は、

「佐藤さん、お父さんが成仏していらっしゃらないわ」

といわれてびっくりした。父が死んだ時、二十五歳だった私はもはや五十を過ぎている。二十五年間も父は霊界に入れずに苦しんでいたというのだ。

「紅緑さんは一人の男性の身体に、まるで大木に蔦が巻きつくようにしがみついて、苦悶の表情を泛《うか》べているわ」

美輪さんはいった。

「そしてしがみつかれている男の人はね」

といって美輪さんは傍のメモ用紙にボールペンを走らせた。

「メガネをかけて面長で……着物を着てるんだけど、帯を下の方に巻きつけているものだから、胸からお腹のへんまで開いているの……その帯もよれよれの

兵児帯《へこおび》……」

そういって紙片をさし出した。

「こんな人……」

見るなり私は驚いた。

「あっ、福士さん！」

と叫んだ。美輪さんは絵の才能がある人だ。その素描はまさしく福士幸次郎だった。福士さんを知っている人なら、一目でわかるメガネと痩せた面長。くたびれた着物によれよれの、帯ともいえないような細くよじれた兵児帯は誰もが知っている、最も福士さんらしい姿だった。

「しがみつかれた人は呆然として、空《くう》を見詰めてるわ」

と美輪さんはいった。

父より三年先に死んだ福士さんの魂は、その間どこでどうしていたのだろう。十五も年上の紅緑よりも先に死ぬとは思っていなかったのに突然命をなくし、老衰して敗戦後の窮乏の中で自分を頼りに生きている紅緑をこの世に遺して死んでしまったことのその心残り、心配が福士さんの魂をさまよわせていたのだろうか。

あるいは生涯の大部分を紅緑に尽すことに費してしまった無念さを抱え、しかし漸く解放されてほっとしていたら、(なにごとにも福士さんという人は暢気でスローモーションの人だった)「福士、福士」と呼ぶ声が聞えて紅緑がやって来た。つい惹き寄せられてふらふらと近づいて、つかまってしまったのだろうか。死んでも尚、父は情念に呪縛され、煩悩から解脱出来ず、生きていた時にしたようにどこまでも福士さんに頼っていたのだ。

父が浄化されなければ福士さんも成仏出来ないだろう。父も可哀そうだが、福士さんはもっと可哀そうだ。父のため福士さんのため、私は成仏の手助けをしなければならないのだが、どうすればいいのか私にはわからない。その力もない。ただ驚き呆れるばかりだった。

美輪さんによると、私の母もまた成仏出来ていないということだった。母は舞台女優になる夢を抱いて大阪から上京し、紅緑が主宰していた劇団に加入したのだが、紅緑の狂気のような愛欲の焔に焼かれ、無理無体に女優の夢を捨てさせられた。その痛恨を母は生涯を通して口にしていた。自分の人生の大半が不本意と諦めに埋もれて終ったことへの無念さは、死んでも母の魂を縛って離れなかったらしい。

父は福士さんに取り縋《すが》り、母もまた成仏していないとなると、不良の名をほしいままにした四人の兄（一人は心中、一人は戦死、一人は原爆死。長男だけがまともに心臓を病んで病院で死んだ）たちも、行くところへ行けていないような気がする。

とすると、末っ子の生き残りであるこの私に、はらからすべてを成仏させる務めがあるのかもしれない。その一、二年前から急に私の身に起り始めた色々な霊現象の体験によって、私は四次元の仕組についていやでも関心を持たざるを得なくなっていたが、あれもこれも目に見えぬ存在からの「はからい」なのかもしれない、私はそう思った。

かつて私の家には神棚はあったが、仏壇はなかった。父は死とは無になることだと考えていたのだろう。五歳くらいの時、私は地獄極楽の見世物小屋の前を通りかかり、血の池地獄や針の山を登らされている亡者の絵看板に膽《キモ》をつぶして帰って来た。嘘をついたらエンマ大王に舌を抜かれ、紙を粗末にしたら紙の橋を渡らされる。紙の橋を渡りかけるとすぐに破れて下の血の池に落ちる、などと聞かされ、紙を粗末にしたことや嘘をついたことを思い出して心配でたまらなくなった。そこで父のところへ行って、おそるおそる訊いた。

「お父さん、地獄ってほんとにあるの？」

父は新聞を読みながら、一言のもとにいった。

「そんなもの、ないさ」

その力強い一言に私はどんなにか安心したものだった。

父はよくいっていた。

「坊主なんてろくなもんじゃない」

また、

「毎朝仏壇で鉦《かね》叩いてお経を上げているばあさんに限って、嫁イビリしてるもんだ。要するに暇なんだ。信仰なんてもんじゃない」

と過激だった。

その父が死んだ時に我が家に初めて仏壇が置かれた。母が買ったのである。私は法要などの時に線香を上げるだけで、あとは母任せ。母が亡くなった後は仏壇は埃を被っていた。その私が朝夕、拝むようになったのは、美輪さんから父母ともに成仏していないと聞かされたためである。南無妙法蓮華経の七文字には、いかなる未浄化霊も浄化させる力がある、と美輪さんはいった。佐藤家の先祖からの宗旨は曹洞宗である。南無妙法蓮華経というお題目は日蓮宗で唱えるものであって、曹洞宗のものではない。しかし、お題目に最も強い浄化の力があると聞けば、宗旨がどうのこうのといってもいられない。かまわず日夜、お題目を上げた。曹洞宗では修証義《しゅしょうぎ》を唱えるのだから修證義をやれといわれると修證義、般若心経《はんにゃしんぎょう》も唱える。観音経がいいといわれて観音経、しまいには不動明王の真言までもう何が何だかわからない。癌に効くと聞けば丸山ワクチンから猿の腰かけにいたるまで何でもかでも買い求めるという病人と同じだった。

そうこうしているうちに歳月は過ぎ、漸く私は心霊についての若干の知識を身につけるようになった。むやみやたらにお経を上げる必要はない、お経は生きている人に生きざまを教えるものであって、お経がすべてではない、と思うようになった。とどのつまりは「自分の魂」のありようが大切なのであって、欲にまみれ濁った心でお経を上げても無意味であることが、……その当然のことがやっとわかってきた。

やがて私の関心は仏教から古神道へ移ったが、そのきっかけは古神道研究家の相曽《あいそ》誠治氏によって、その頃頻発していた超常現象が完全に鎮められたことである。以後私は相曽氏の講話を聞くために月に一度名古屋へ出向いた。ある時、講話の後の雑談中、私は氏からこういわれた。

「佐藤さん、お父さまがさっき、ここへ来ておられました」と。

「父が？……」

といったきり私は何もいえなかった。父は福士さんに縋って苦悶している筈だった。私はかつて美輪さんから聞かされた話を相曽氏に伝え、

「ですから、ここへ来たと聞いてもなんだか信じられません」

といった。すると相曽氏は頷いて、

「確かに紅緑先生は長い間、苦しんでさまよわれました。しかし今は大いに活躍しておられます」

活躍とはいったいどんな活躍なのか。怪しむ私に氏はこんな説明をされた。

日本の上空には富士神界、高天原神界など幾つかの神界が存在しているが、十年ばかり前に、当節の日本のありようを案じて皇居の上空に大内山神界という新しい神界が造られた。主として明治の元勲の霊魂が集っているが、そこへ紅緑が呼ばれて働いているのだという。紅緑の与えられた仕事は、主に神界と神界の連絡係で紅緑が行くまでは「高杉晋作先生のお役目でした」と相曽氏はいわれた。

相曽誠治氏は古神道研究家という肩書きであるが、実は神界からこの現界へ遣わされたお方で、神界での名は「言向命《ことむけのみこと》」という。普通なら荒唐無稽に思われるであろうこんな話を私が信じるようになったのは、科学、物理学、天文、古代史など底知れぬ知識の持主であること、しかしその知識をひけらかすことなく、必要に応じてその一端を紹介するという謙虚さや質素で誠実そのものといった自然体のお人柄のためである。氏は、絶えず神界と現界の間を行き来しては、神の意向に従って我々を導くことが役目のようで、まず一番に我々が教えられたことは早朝、太陽を拝して太陽エネルギーを身体の中に取り入れて世界平和を神に祈る日拝鎮魂法である。皆がこの日拝をするようになれば、その人自身はもとより、国の波動が上るのである。

「紅緑先生はなかなか豪快な方でして、私が参りますと『おう、相曽来たか！』といわれましてね。親しくお話させていただきました」

などと時々いわれる。あまりに荒唐無稽に思われるが、しかし常に謙虚で冗談をいって大笑いするさまなど見たことがないほど真面目謹厳な氏の姿に接すると、疑うのは下司《げす》の証拠のように思われて信じなければいけないような気持になってしまう。そんなある日、相曽氏はこんなことをいわれた。

「この間、また紅緑先生にお会いして、いろいろお話をしたのですが、その折、日拝の大切さがお話に出ましてね。紅緑先生はこんなことをおっしゃいました。生前、徹夜で仕事をして朝を迎えた時など、物干台へ出て日の出を拝んだものだよ、と」

それを聞いて私はあっと思い出した。私が子供の頃に住んでいた家の物干台は、階下の屋根の上に作られていたから、二階の廊下のつき当りに物干台へ出入りするガラス戸がついていたことを。元旦や天長節、紀元節など、私は父に呼ばれて物干台に上り、父にいわれるままに東の空からさしのぼる太陽に向って手を合せたものだった。確かな情景としてそれは私の記憶に刻まれている。

それは相曽氏と父との会話が嘘ではない証拠だった。

紅緑が苦悶の時間を過した後、どのようにして福士さんから離れたのか、大内山神界なる所へはどういう経緯で行ったのかはわからない。いつ頃だったか、霊能者の江原啓之さんと電話で話をしていた時、

「お父さまがお母さまと一緒に、上の方へ上って行かれる姿が見えました」

といわれたことがあった。それは大内山神界の話を聞く前だったと思う。その時私はほっとして「よかった」と安心したが、それでもまだどこか釈然とし

ない思いが残っていたのは、父が福士さんに縋って苦悶しているというイメージが、あまりにも強烈に私に突き刺っていたからだ。

あれほどの煩悩からどうして解き放たれたのか、それは自力で得た悟りなのか、導きによるものなのか、だとしたらその導きはどういう形でどこからくるのか、そういうことがはっきりわからない限り、手放しで喜ぶことが出来なかったのだ。

しかしこの連載でも縷々《るる》述べてきたように、霊能者の霊視の範囲は人によってそれぞれに違う。霊能者の眼にはあの世の様相すべてが見えるのではなく、時には断片であり、人によって見える角度が違う。見えてきたものをどう解釈するか、解釈の必要のない場合もあれば、解釈が難かしい場合もある。幽霊が立っている姿が見えるだけの人もいれば、その幽霊が何をいいたくて立っているのか、怨念か、心配か、無念さかを見極める力のある人もいれば、ない人、中には間違える人もいるだろうし、霊のいい分を聞き取れる人もいるし、取れない人もいる。

従って、A霊能者とB霊能者のいうことが違うからといって、どちらを信じどちらを信じないと決めることは出来ないのである。靴の表側と裏側とでは様相が違う。表だから正しいとはいいきれない。綜合的に判断することが出来るのは、そして霊能者の優劣、あるいは真贋を見抜くのは結局自分なのである。無私の人であり、高い人格を感じる人物を私は信じる。それには自分も無心にならなければならない。

紅緑が大内山神界の走り使いをしていると聞いた後、電話中に江原さんが何げなくいったことがある。

「今、お父さまが来ておられますよ」

父はダイニングテーブルの椅子に腰を下ろしているという。

「着物を着て、素足です」

と江原さんはいった。

「素足」という一言に私はそれが父であることを認めた。父は窮屈なことが嫌いで、少年の頃からシャツのボタンの上の方をかけなかった。明治時代の少年はみな着物を着ていたが、帯を正しくしめると窮屈なので、ゆるゆるに巻きつけるだけだった。見るからにだらしのない格好をしていたと自分で書いている。私がもの心つく頃からどんな厳寒でも父が足袋《たび》を履いているのを見たことがなかった。私たち子供には冷えるよ、足袋をお履き、とうるさくいいながら、自分は履いていないじゃないか、と子供心に思ったものだったが、母は「お父さんはコハゼを留めると足首が締めつけられるのがいやなのよ」といっていた。

死者が現世に姿を現す時は、必ずその人の存命中の特徴を見せると聞いたことがある。「素足」は父の身内なら誰でも知っている特徴だった。だから父の霊は私に、ここにいるのが間違いなく父であることを信じさせるための証拠にしたのである。それにしても江原さんがその「素足」に目を留めて私に伝えたということは、霊能者としての並々ならぬ観察力というか、才能というか、感性というか、こういうところに霊能者の優劣が現れると思う。

江原さんとの電話中に遠藤周作さんが出て来たことは前に書いた。遠藤さんはその後も電話中に度々、私の居間に姿を見せたが、父もまた屢々《しばしば》現れるようになった。ある時父は、「シベリヤへ行っていたので忙しかった」といったという。シベリヤへ何をしに行ったのかと聞くと、第二次世界大戦の後、ソ連の捕虜としてシベリヤで苦役を強いられて死んだ元日本兵の地縛霊を連れに行き、三百人ばかりを引き連れて来たということだった。

昭和の初め、紅緑は熱血の少年小説を書いて少年たちに正義と勇気を説き、熱狂的な支持を受けていた。第二次大戦で戦地に赴き、命を落した兵士たちは紅緑の小説で育った世代である。国を守るために戦地へ赴き、辛酸の末に命を落して六十年。シベリヤの凍土で地縛霊になったまま動けない霊魂を説得して成仏させるには、かつて彼らを鼓舞した紅緑の責任でもあり、同時に彼らが信じ尊敬した紅緑の魂だけが彼らを動かすことが出来たのかもしれない。

父は神界の連絡係をつづけているのだろうか。その傍、シベリヤへ行ったり、私の居間に現れたり、(相曽氏のいわれたように)「忙しく活動」していることは信じてよいようである。最後に父が現れたのは二年ばかり前になる。その時、父はこういった。

「国の政治が大きく乱れることを告げに来た」

と。そうして、

「日本はおしまいだ。今に大変なことになるから、よく心得ておくように」

といい、

「今の日本は芸者みたいなものだ。政治不信どころか、政治がおかしくなっている。茶番だ、茶番だ」

といったという。そして私に、

「賢く生きるように知恵を使いなさい。言葉をもって語って行きなさい。間違った判断をしないように」

そういって立ち去った。立ち去り際に父は「これから白山神社へ行く。白山の神さまにお願いするしかない」といったという。その後、白山神社は魔を払う神だと知った。

それが最後である。その後、江原さんはスピリチュアル・カウンセラーとして最高峯に登りつめ、もうかつてのように電話で長話することもなくなった。

後書き

以上の話を真実と考えるか、妄想駄ボラと思うかは読者の自由です。私はただ実直に、何の誇張も交えず私の経験、見聞を伝えました。これらの体験を書いて人を怖がらせたり興味を惹きたいと考えたのではありません。

死はすべての終りではない。無ではない。

肉体は滅びても魂は永遠に存在する。

そのことを「死ねば何もかも無に帰す」と思っている人たちにわかってもらいたいという気持だけです。三十年にわたって私が苦しみつつ学んだことを申し述べたい。ひとえにそれが人の不信や嘲笑を買うことになろうとも。私にはそんな義務さえあるような気さえしているのです。

この世で我々は金銭の苦労や病苦、愛恋、別離、死の恐怖など、生きつづけるための欲望や執着に苦しみます。しかし、それに耐えてうち克《か》つことがこの世に生まれてきた意味であること、その修業が死後の安楽に繋がることを胸に刻めば、「こわいもの」はなくなっていく。

それがやっと八十歳になってわかったのです。

この記述によって好奇心を刺激された人、この私をバカにする人、いろいろいるでしょう。でもたった一人でも、ここから何かのヒントを得る人がいて下されば本望です。その一人の人を目ざして私はこの本を上梓します。

佐藤愛子

さとうあいこ

大正十二年大阪生まれ。甲南高等女学校卒業。昭和四十四年、『戦いすんで日が暮れて』で第六十一回直木賞、昭和五十四年『幸福の絵』で第十八回女流文学賞、平成十二年『血脈』の完成により第四十八回菊池寛賞、平成二十七年『晩鐘』で第二十五回紫式部文学賞を受賞。

近著に『ああ面白かったと言って死にたい』（海竜社）、『九十歳。何がめでたい』（小学館）、『人間の煩悩』（幻冬舎）、『それでもこの世は悪くなかった』（文藝春秋）、『上機嫌の本』（PHP研究所）、『破れかぶれの幸福』『愛子の小さな冒険』（小社刊）などがある。

平成二十九年四月に春の叙勲で旭日小綬章を受章。

この作品は2004年9月、光文社より刊行の書籍を新装復刊したものです。

冥途のお客

二〇一八年四月　三日　第一刷発行
二〇一八年四月三十日　第三刷発行

著者——佐藤愛子
編集人・発行人——阿蘇品 蔵
発行所——株式会社青志社
〒一〇七-〇〇五二　東京都港区赤坂六-二-十四　レオ赤坂ビル四階
（編集・営業）
TEL:〇三-五五七四-八五一一　FAX:〇三-五五七四-八五一二
http://www.seishisha.co.jp/

印刷　製本——慶昌堂印刷株式会社

ISBN 978-4-86590-062-0 C0095